KB017132

원려, 멀리 내다보는 삶

子曰, 人無遠慮 必有近憂

공자께서 말씀하셨다.

멀리 내다보지 않으면 반드시 가까이에 근심이 있다.

__《논어》〈위령공 편〉

어떤 위기와 불안에도 흔들리지 않는 커리어 전략

원 려

멀리 내다보는 삶

최종엽 지음

HONGJAE
Publishers

멀리 내다보지 않으면
반드시 근심이 생긴다

"나가면 뭐든 못하겠어?"

상당히 당당한 말투다. 반면, 맞은편에 앉은 사람의 말에서는 아무런 힘이 느껴지지 않는다.

"왜 진작 준비하지 못했을까. 이럴 줄 알았으면 조금만 더 참을걸."

전직을 생각하는 직장인과 새 직장을 찾는 퇴직자의 대화다. 회사 밖 치열한 세상을 아직 경험하지 못한 직장인의 여유와 이미 그것을 겪은 퇴직자의 뒤늦은 후회와 절박함이 묻어난다.

업무상 미팅이 잦은 나는 사람들이 찾아오면 함께 점심을 먹은 후 사무실 근처 석촌호수 산책로를 한 바퀴 돌며 이야기를 나누곤 한다. 벚꽃이 흐드러진 봄에도, 짙은 연녹색 나무 그늘이 드리운 여름에도, 황금색 산책로와 노란 가로수가 하나 되는 가을에도, 눈 덮인 하얀 호수가 마음을 설레게 하는 겨울에도 마찬가지다. 그때마다 나는 그들에게 이렇게 말하곤 한다.

"직장에 있을 때 미래를 준비해야 합니다. 눈앞의 현실이 아닌 먼 미래를 보세요."

그래 봐야 아무런 소용이 없다는 걸 안다. 대부분 듣는 척만 하고 한 귀로 흘리기 때문이다.

아직 오지 않은 미래에 관해 위기의식을 느끼는 사람은 거의 없다. 당장에는 직장생활을 잘하고 있으니 아무 문제 없으리라는 것이다. 하지만 과연 그럴까.

퇴직 후 곧 후회하는 사람을 여럿 봤다.

"왜 그때 미리 준비하지 못했을까."

"뭘 하고 싶어도 지금 형편이 영 말이 아니야."

아직 오지 않은
미래

"뭐 좋은 것 없을까? 퇴직 후에 할 수 있는 좋은 아이템 말이야."

아마 그런 것이 있다면 퇴직 후 후회하는 사람은 단 한 명도 없을 것이다. 더욱이 직장생활을 하는 동안 차분히 준비만 하면 되니, 시간이 없다는 핑계를 대기도 어렵다. 문제는 그 좋은 것이 무엇인지는 누구도 알 수 없다는 것이다. 다만, 퇴직 후 걱정을 더는 '좋은 것'은 대부분 알고 있다. 아직 그 절박함을 느끼지 않기에 신경 쓰지 않을 뿐이다.

'자기 강점', 즉 '자기 브랜드'를 갖는 것만큼 퇴직 후 걱정을 더는 '좋은 것'은 없다. 자기 강점은 전문성과도 비슷한 말로 '퇴직 후에도 연봉이 줄어들지 않는 개인 능력 또는 역량'을 말한다. 그러니 직장에 다니는 동안에 자기 강점을 갖춘다면 많은 것을 해결할 수 있다. 높은 연봉에 빠른 승진은 물론이요, 원하는 위치로의 이동 역시 수월해진다. 그 결과, 일이 재미있어질 뿐만 아니라 높은 성과로 이어지고, 퇴직했을 때 또다른 '밥'이 된다. 문제는 그것이 1~2년 안에 이루어지지 않는다는 것이다. 한 분야 정통해야만 얻을 수 있기 때문이다.

사실 직장만큼 자기 강점을 키우기에 좋은 곳도 없다. 많은 일을 접할수 있을 뿐만 아니라 다양한 분야 사람들을 만날 수 있기 때문이다. 그러니 자기 인생을 걸 만한 일이라면 그에 대한 전문성을 인정받을 때까지 최선을 다하며 끈기 있게 노력해야 한다. 사람 역시 마찬가지다. 전문성이 확보되면 자기가 하는 일이 미래에 얼마나 유용한지 판단할 수 있는 예측 능력 역시 따라온다.

그렇다면 직장에서 자기 강점을 키우려면 어떻게 해야 할까.

대부분 사람은 총론에 강하다. 예컨대, '자기 강점'이 필요하고 중요하다는 말에 이의를 제기하는 사람은 거의 없다. 그런데 총론으로는 우리가 살면서 마주하는 문제를 쉽게 해결할 수 없다. 해답의 실마리는 각론에 있기 때문이다. 그것이 문제다. 자기 강점을 만들어야 한다는 총론에는 동의하면서도 그 방법, 즉 각론은 모른다. 그동안 만난 수많은 직장인역시 마찬가지였다.

이 책은 그 각론에 관한 해답을 제시하고 있다. 이에 총론으로는 접근하기 어려운 자기 강점 완성 과정을 5단계로 나누어 실제 사례 및 구체적인 방법론과 함께 담았다.

나와 내 가족을 지킬
무기를 갖고 있는가

　　　　　　　주 52시간 근무제가 시행됐다지만, 아직도 많은 직장인의 일상은 그 이전과 변함없이 돌아가고 있다. 하지만 9시 출근 6시 퇴근도 힘든데, 어떤 사람은 6시 출근 7시 퇴근도 아주 즐거워한다. 잘 돌아가는 회사의 사장들이다. 문제는 그들에게는 일이 재미있지만, 직장인에게는 일이 재미없다는 것이다. 그들은 일의 성과가 오롯이 자기 것이 되지만, 직장인은 그 일부만 자기 것이 되기 때문이다. 그러니 모두가 사장이 되려고 하는 것인지도 모른다.

　직장인이 사장이 되려면 어떻게 해야 할까. 여러 가지 방법이 있다. 또한, 누구나 사장이 될 수도 있다. 하지만 중요한 것은 누구나 부러워하는 회사의 사장이 되는 것이다. 그러자면 직장에서 일하는 한정된 시간 내에 자기 강점을 만들어야 한다.

　스스로 동기를 부여하고 쉼 없이 노력하는 셀프 리더에게는 자기 강점이라는 목표가 있다. 조직의 특별한 전략에 따라 업무를 통해 만들어지는 자기 강점은 자기 자신의 발전은 물론 조직 발전에도 크게 기여한다. 특히 자기 강점이 있는 셀프 리더는 아무리 어려운 도전 과제도 전혀 두려워하지 않는다. 그것을 통해 더 큰 자기만의 강점을 완성하기 때문이다.

　자기 강점이 있으면 그만큼 성공이 쉬워진다. 물론 자기 강점 없이도 성공할 수는 있다. 하지만 그런 경우 사람들이 잠시 모여들었다가 곧 흩어지고 만다. 성공이 지속적이지 않기 때문이다. 반면, 자기 강점을 공고히 구축한 사람에게는 계속해서 사람들이 모여든다. 그만큼 성공 상태를 유지할 확률 역시 높다.

자기 강점이 없던 나는 경력을 바꾸는 데 거의 10년이란 세월을 보내야 했다. 확실한 각오나 뚜렷한 계획 없이 무작정 퇴사부터 했기 때문이다. 그러다 보니 처음부터 다시 시작해야 했고, 경제활동을 하면서 경력 전환을 꾀했기에 시간 역시 많이 걸렸다. 하지만 그만큼 얻고 깨달은 것도 많다.

삶의 중심에 서 있는 30~40대에게 묻고 싶다.

나와 내 가족을 지킬 무기를 갖고 있는가?

우리 사회는 지금 이 순간에도 빠르게 변화하고 있다. 그에 맞서 나와 내 가족을 지키려면 자기 강점 하나쯤은 반드시 갖고 있어야 한다. 자기 강점은 급격한 커리어 패러다임 변화를 뛰어넘는 든든한 무기일 뿐만 아니라 나와 내 가족의 미래를 지키는 생존 코드이기 때문이다.

눈앞의 현실이 아닌
먼 미래를 직시하라

인생은 굴곡이 많다는 점에서 파도 혹은 산을 닮았다. 살다 보면 어쩔 수 없이 맞닥뜨리게 되는 굴곡이 있기 마련이다. 그 굴곡을 마주할 때마다 우리는 수많은 불안과 걱정에 휩싸이곤 한다. 아이를 낳아도 걱정 낳지 않아도 걱정, 비가 내려도 걱정 내리지 않아도 걱정, 입학해도 걱정 졸업해도 걱정, 입사해도 걱정 출근해도 걱정, 퇴직 후도 걱정 노후도 걱정, 돈이 많아도 걱정 적어도 걱정….

과연, 어떻게 해야 그런 불안과 걱정에서 빠져나올 수 있을까. 공자의 말에 귀 기울여보자.

공자는 인생에 필연적으로 놓여 있는 근심과 걱정을 이겨내는 방법으로 '원려(遠慮)'를 강조했다.

"인무원려 필유근우(人無遠慮, 必有近憂)"

《논어》〈위령공 편〉에 나오는 말이다. '사람이 멀리 생각하는 것이 없으면, 반드시 가까운 데 걱정거리가 있게 마련이다'라는 뜻이다.

멀리 내다봐야 한다. 미래에 대한 비전과 계획이 없는 사람일수록 걱정과 불안이 늘고 쌓이게 마련이다. 빠르게 변하는 현실을 원망하고 탓하는 대신 10년, 20년 후의 비전을 세우고, 그것을 향해 나아가야 한다. 그리고 어떤 난관에도 절대 흔들려선 안 된다.

![CONTENTS](★ CONTENTS ★)

무엇을, 어떻게 자기 강점화 할 것인가

PART 3

성공하는 제2인생을 위한 자기 브랜드 전략

PART 4 10년에 한 번씩 커리어 로드맵을 그려라

자기 브랜드를 완성하는 스마트한 시간 관리 전략

눈앞을 보기 때문에 멀미를 느낀다. 몇백 킬로미터 앞을 내다보라. 그곳은 잔잔한 물결처럼 평온하다. 나는 그런 곳에 서서 오늘을 보고 사업을 하기에 작은 위기에도 절대 흔들리지 않는다.

— 손정의, 일본 〈소프트뱅크^{Soft Bank}〉 회장

PART 1

갈수록 불안하고, 위태로운 직장인의 미래

나와 내 가족을 지킬 무기를 갖고 있는가

첫 아이가 열 살 되기 전에 직장에서 밀려나지 않으려면 나만의 무엇이 있어야 한다. 설령, 직장에서 밀려나더라도 두려움 없이 미래를 맞이할 수 있는 나만의 강력한 그 무엇 말이다. 그것이 바로 자기 강점, 자기 전문성, 자기 브랜드다. 그것만큼 확실하고 강력한 답은 없다.

사회 구조는 이미 무한경쟁과 성과 중심으로 급속히 전환하고 있다. 여기에 대처하기 위해서는 자신의 가치를 높이는 수밖에 없다. 그에 대한 방안으로 주목받는 것이 바로 자기 강점이다. 이제 고용 보장에 대한 책임은 조직이 아닌 개인이 져야 하는 시대가 된 것이다. … (중략) … 어느 직장도 예순 살 이후를 보장해주지 않는다. 예순 살 이전도 문제고, 그 이후도 문제가 된 것이다. 이런 현실을 받아들여야 한다. 그러지 않으면 자신만 괴로울 뿐이다.

__ '커리어 패러다임이 바뀌고 있다'에서

두려움 없이 미래를 맞이할 수 있는
나만의 강력한 무엇이 있는가

서른여덟 살 디스플레이 전문엔지니어 김 모 씨. 그는 대학 졸업 후 약 10여 년간 대기업에서 일하고, 최근 2년은 해외에서 디스플레이 공정 기술 엔지니어로 일했다. 원래는 3년 계약으로 나갔지만, 여러 가지 이유로 계약 기간이 1년 단축돼 일찍 귀국한 상황이었다.

"지금까지 해온 직장생활에 만족하십니까?"

"네, 지금까지는 대체로 만족합니다."

대답 자체는 긍정적이었지만, '지금까지는'과 '대체로'라는 두 가지 단서가 붙어 있었다. 그동안 자신이 좋아해서 일했다기보다 의무감으로 일한 탓이다. 그래서인지 미래에 관해 매우 불안해하는 모습도 엿보였다. 무엇보다도 당장 일자리가 시급해 보였다. 쉬는 기간이 길수록 현실적인 부담뿐만 아니라 보이지 않는 미래에 대한 불안감 역시 더욱 심해질 수 있기 때문이다.

다소 엉뚱한 질문을 해보았다.

"만일 지금까지 한 일을 그만두게 된다면 특별히 하고 싶은 일이 있나요?"

"글쎄요, 잘 모르겠는데요."

그는 잘 모르겠다고 했다. 있다는 것도 아니고, 없다는 것도 아닌, 모르겠다는 것이다. 단 한 번도 자신의 삶에 관해서 진지하게 생각해본 적이 없기 때문이다.

"다시 취업한다면 언제까지 직장에 다닐 수 있을 것 같습니까?"

"한 5~6년쯤이요?"

비록 그가 하는 일이 전문적인 분야이긴 하지만, 조직을 떠나 개인적으로 할 수 있는 일은 아닌 점에서, 길어야 5~6년이라고 한 것은 나름대로 현실적인 판단이었다.

"그럼, 할 수 있는 일이 계속 있다면 언제까지 일하고 싶으세요?"

"일흔다섯 살까지는 해야 하는 것 아닙니까?"

사실 내가 그에게 정말 묻고 싶었던 질문은 단 한 가지였다.

"40대 중반에 퇴직한다면 이후 20여 년은 어떻게 살 것인가?"

학교 교육의 결과 대략 15년을 엔지니어로서 '대체로 만족하며' 살아왔다면, 이제는 어떤 교육으로 미래 20년을 준비할 것인지, 그것을 언제, 어떻게 준비할 것인지 묻고 싶었던 것이다.

그는 첫째 아이가 다섯 살이라고 했다. 5년 후면 아이는 열 살로 초등학교 3학년이다. 아이 교육에 돈이 점점 더 들어가는 때다. 그런데 그의 예상대로라면 그즈음, 그는 직장생활을 마감할 수도 있다. 어떻게 해서

건 다른 일자리를 알아보거나, 전직한다고 해도 다시 5년을 넘기기란 현실적으로 쉽지 않은 나이다. 그러니 어쩌면 쉰 살에 영원히 은퇴할 수도 있다.

예순다섯 살은 되어야 국민연금 수급 대상자가 된다. 그나마 그때부터 100만 원 안팎의 연금이라도 받는다면 다행이다. 문제는 쉰 살부터 예순다섯 살까지다. 그동안 아이는 중학교, 고등학교, 대학에 다녀야 한다. 폭풍처럼 돈이 들어가는 시기다. 더욱이 그에겐 부양해야 할 부모도 계신다. 현재 두 분 모두 일흔 살로 5년 후면 일흔다섯이 된다. 이만저만 심각한 문제가 아니다.

언제, 어떻게 미래를
준비할 것인가

취업만 하면 모든 것이 해결되는 줄 알았다. 대기업이면 금상첨화겠지만, 중견기업이라도 들어가면 다 되는 줄 알았다. 하지만 현실은 그리 녹록하지 않다. 특히 지금 30~40대는 청춘의 아픔보다도 더 뻐근하고 깊은 통증을 느끼고 있다. 잊을 만하면 반복되는 금융위기와 경제위기는 우리 사회의 많은 것을 바꿔놓았기 때문이다.

대학만 나오면 취업이 보장되고 은퇴할 때까지 아무 걱정 없이 회사에 다니던 시절도 있었다. 하지만 이제 평생직장이란 말은 꿈에나 생각하는 단어가 되었다. 그러다 보니 우리 사회 허리라고 할 수 있는 30~40대가 이만저만 불안해하는 것이 아니다.

직장인 열 명 중 여섯은 언제 직장에서 잘릴지 몰라서 불안해하고 있다. 여성보다는 남성이, 세대 중에는 30~40대가 유독 심하다. 그래서일까. 직업을 선택할 때 적성이나 열정, 비전보다는 연봉과 안정성을 가장 우선으로 생각하는 사람이 많다. 또한, 직장 경력이 길수록 적성과 열정은 뒤로 밀리고, 연봉이 늘 우선시된다. 문제는 직장이 불안하니 가정역시 뒷전으로 밀린다는 것이다. 그렇게 예순을 넘겼다고 하자. 여전히 '남은 생의 건강과 행복'보다는 '돈이 더 걱정'이라는 불안을 떨칠 수 없다.

또한, 직장인 열 명 중 일곱 명은 이직을 준비하는 것으로 나타났다. 중소기업이건, 대기업이건 마찬가지다. 마음이 답답하고, 사람들과의 관계가 불편하며, 비전 없는 조직을 떠나 다른 곳으로 가고 싶어 하는 것이다. 그들에게는 백 마디 위로보다는 한 가지 대안이 절실하다. 부드러운 위로가 잠시 안정을 줄 수 있을지는 모르지만, 문제를 근본적으로 치유할수는 없기 때문이다.

만족 여부를 떠나서, 그래도 직장이 있다는 것은 큰 장점이다. 비록 그직장을 언제까지 다닐 수 있을지 누구도 장담할 수 없지만.

이런 불안감이 현재 30~40대를 휘감고 있다.

첫 아이 열 살에
은퇴할 수도 있다

이런저런 이유로 직장을 옮기려는 30~40대가 이직및 전직 시장으로 밀려들고 있다. 그것이 능사가 아님을 그들 역시 잘 알고 있지만, 그렇게라도 하지 않으면 불안하기 때문에, 어떤 준비나 대책도 없이 자의 반 타의 반으로 그렇게들 하는 것이다.

그러다가 덜컥 퇴직이라도 하게 되면 문제는 더욱 심각해진다. 일단 직장에서 나오면 누구도 경력을 관리해주지 않기 때문이다. 그나마 회사에 있을 때는 경력개발계획(CDP, Career Development Program)에 따라 교육도 받고, 부서 이동도 하면서 나름대로 쓸모 있는 자원으로 커간다는 느낌이라도 받지만, 퇴직하면 그마저도 끝이다. 경력개발은 고사하고 경력관리도 어렵다.

첫 아이가 열 살 되기 전에 직장에서 밀려나지 않으려면 나만의 무엇이 있어야 한다. 설령, 직장에서 밀려나더라도 두려움 없이 미래를 맞이할 수 있는 나만의 강력한 그 무엇 말이다. 그것이 바로 자기 강점, 자기 전문성, 자기 브랜드다. 그것만큼 확실하고 강력한 답은 없다.

02

특별한 기술 없는 사람을 봐줄 곳은
어디에도 없다

'브랜드'하면 가장 먼저 뭐가 떠오르는가? 샤넬 · 구찌 · 루이뷔통 · 프라다 · 몽블랑 등 이름만 들어도 솔깃해지는 이름들이 떠오를 것이다. 또한, 그런 브랜드 제품 하나쯤 갖기 싫어하는 사람은 없을 것이다.

사실 브랜드(Brand)라는 말은 앵글로색슨족이 불에 달군 인두로 자기 소유 가축에 낙인을 찍어 확인하던 것을 뜻하는 말이었다. 그러던 것이 점점 특정 제품이나 서비스를 식별하는 데 사용하는 명칭 및 기호를 나타내는 말로 쓰이게 되었다.

국어사전에는 브랜드에 관해 다음과 같이 쓰여 있다.

사업자가 자기 상품에 대하여 경쟁 업체 제품과 구별하기 위하여 사용하는 기호 · 문자 · 도형 따위의 일정한 표지로, 다른 말로 상표라고 한다.

그렇다면 그런 제품 브랜드와 개인의 강점은 어떤 차이가 있을까.

"네 개인 브랜드는 뭐니? 아니, 너만의 강점이 있니?"

대학을 갓 졸업한 조카 친구에게 물었다. 서울 지하철 2호선에서 내리면 바로 걸어 들어갈 수 있는 유명 대학에서 교육학을 전공한 그 아이는 바로 대답하지 못하고 머뭇거리다가 이렇게 말했다.

"아직 없어요. 다음 학기에 석사과정 들어가는데, 대학원 가서 생각해보려고요."

조카에게도 비슷한 질문을 했다.

"너만의 퍼스널 브랜드, 아니 강점이 있니?"

회사에 입사한 지 얼마 되지 않은 탓에 의욕이 넘치던 조카는 이렇게 말했다.

"삼촌 저 막 취업했어요. 신입사원이라고요. 이제부터 고민해봐야죠."

자기 강점, 자기 브랜드가
있는가

"당신의 개인 브랜드 혹은 강점은 무엇입니까?"

대기업 전자회사에서 근무하는 6년 차 직장인 김 대리에게 물었다. 그랬더니 이런 대답이 돌아왔다.

"저는 정보통신 기업 인사팀에서 근무하는데요."

다소 생뚱맞은 대답이었다. 그래서 다시 물었다.

"어느 회사에서 어떤 일을 하고 있냐고 묻는 게 아니라 자기 브랜드가 있는지, 혹은 지금까지 어떤 강점을 키웠는지 묻는 겁니다."

순간, 그는 잠시 머뭇거리더니 이렇게 말했다.

"직장인에게 그런 게 꼭 필요한가요? 연예인도 아닌데."

환갑을 코앞에 둔 선배에게도 물었다. 선배는 공무원으로 있다가 3년 전에 명예퇴직한 후 부동산 컨설팅 사무실을 운영하고 있었다. 선배는 한참 생각하더니, 외려 내게 이렇게 물었다.

"자네가 보기에는 나만의 브랜드가 무엇이라고 생각하나?"

나는 선뜻 대답할 수 없었다. 전직 공무원이자 현직 부동산 중개인. 이 두 단어만 입에서 뱅뱅 맴돌 뿐이었다.

이번에는 나 자신에게 물어봤다.

'나의 브랜드는 과연 무엇일까, 나의 강점은 무엇일까? 사람들이 나를 볼 때 샤넬이나 루이뷔통을 본 것처럼 가슴이 두근거릴까?'

답은 '아니다'였다.

'그렇다면 아내나 아이들이 나를 볼 때 가슴 두근거리는 설렘이 아직 도 남아 있을까?'

그것도 '아니다'였다.

'그렇다면 그런 두근거리는 설렘은 없다고 해도 우리 가족을 먹여 살 릴 수 있는 믿음직한 남편이자 아빠이기는 할 것일까?'

서글픈 현실에 가슴이 미어졌다.

자기 강점은
생존의 필수 조건

당신이 지키고 싶은, 당신만의 브랜드, 당신의 강점 은 무엇인가? 과연 그런 것이 있기는 한가?

내가 루이뷔통이 되면 좋겠지만, 그렇지 못하더라도 기죽을 필요는 없다. 많은 사람에게 기억되는 유명 브랜드라면 가장 좋겠지만, 최소한 주변 사람들에게 '아, 그 사람'하면 대표적으로 떠오르는 이미지가 있는 것만으로도 충분하기 때문이다.

자기 강점 역시 마찬가지다. 당장 팀에서 "그 프로젝트에는 그 사람이 제격이다"란 평가만 받아도 충분하다. 그런 것들이 쌓이고 쌓여서 승진도 하고 연봉도 오르기 때문이다. 당연히 더 큰 무대에 설 기회 역시 많아진다. 그런 점에서 자기 강점은 '밥의 연속'이라고 할 수 있다. 즉, 계속해서 밥을 먹고 사는 데 문제가 없는 자기만의 든든한 무기이자, 생존 코드인 셈이다. 따라서 현재 몸담은 회사에서 어떤 위기가 닥쳐도 밀려나지 않고 계속 살아남을 수 있다면, 혹은 다른 회사에서 좋은 조건에 스카우트되어 경력을 유지할 수 있다면 충분히 자기 강점이 있는 것이다. 어쩔 수 없이 퇴직했다고 해도 그만큼의 수입을 계속해서 올릴 수만 있다면 그 역시 마찬가지다.

갈수록 수명은 길어지고, 아이들은 성장하는데, 정년까지 채울 수 있는 사람은 그리 많지 않다. 이런 현실을 고려하면 지금 당장 자기 강점을 만들어야 한다. "목마르면 우물을 파게 되어 있어"라는 식으로 안일하게 생각해선 안 된다. "직장을 옮기거나 직업을 바꾸면 된다"라고 생각할 수도 있다. 물론 젊은 시절에야 가능할지 모르지만, 마흔이 넘어가면 이 역시 힘들어진다. 30~40대에는 가능한 일이 40~50대가 되면 불가능해질 확률이 높기 때문이다. 조금이라도 젊었을 때는 빠른 학습 능력에라도 기대를 걸 수 있지만, 그때가 지나면 특별한 기술 없는 사람을 봐줄 곳은 어디에도 없다.

30~40대 직장인이라면 이러한 현실을 조금쯤 체감하고 있을 것이다.

하지만 대부분 거기까지다. 다가올 미래가 걱정되고 두렵기는 하지만, 뭘 해야 할지 모른다는 이유로 이내 쉽게 포기하고 만다. "지금 당장은 문제없으니까"라며 위안하면서 말이다. 문제는 내일이라도 위기가 찾아올 수 있다는 것이다. 그러니 지금 당장 자기 강점을 구축해야 한다. 빨리 시작하는 만큼 밥의 연속은 길어질 것이다.

자기 강점은 '꿈의 연속'이라고도 할 수 있다. 30~40대라고 꿈이 없을 리 만무하다. 사람은 누구나 저마다 가슴 속에 품고 있는 꿈이 있다. 다만, 젊었을 때와 달리 30~40대는 밥 문제가 해결되어야만 꿈꾸는 것이 가능하다. 즉, 자기 강점의 힘으로 밥의 단계에서 꿈의 단계로 넘어가는 것이다.

꿈의 단계로 넘어가면 더욱 자유로워진다. 일하는 것이 훨씬 즐겁고 행복해지기 때문이다. 그러다 보니 노후가 두렵지 않고, 자신감이 생기며, 더 많은 것을 이룰 수 있고, 삶이 풍족해진다.

밥의 단계를 넘어 꿈의 단계까지 오르는 샤넬이 될 것인가, 아니면 남들 하는 정도로 흉내만 내다가 사라지는 채널이 될 것인가. 선택은 당신 몫이다.

03

어떤 회사도
미래까지 보장해주지는 않는다

    통계청이 발표한 우리 국민의 자기계발 시간 실태 조사 결과를 보면 자못 충격적이다. 매일 한 시간 이상 자기계발을 하느냐는 질문에 '그렇다'고 대답한 사람은 30대 3%, 40대 1.6%, 50대 1.1%에 불과했기 때문이다. 일주일에 한두 시간 한다고 대답한 사람 역시 30대 10%, 40대 6.5%, 50대 4%가 고작이었다. 그러니 30대 중 하루에 한 시간 이상 자기계발에 투자하는 사람은 같은 연령대의 3% 안에 드는 대단한 일을 하고 있다는 자긍심을 가져도 된다. 같은 연령대의 1~2%밖에 하지 못하는 일을 하는 40~50대 역시 마찬가지다.

    30대 90%, 40대 95%, 50대 96%는 일주일에 단 한 시간도 자기계발을 하지 못하고 있다. 바빠서 도저히 시간을 낼 수 없기 때문일까. 아니면, 내가 지난 20년간 그래왔듯이 아무런 생각이 없기 때문일까.

회사를 자기 브랜드라고 착각하고
있지 않은가

회사에 입사하면 사원번호, 즉 사번을 받는다. 나는 1984년 말에 사번을 받았다. A65783. 사번의 위력은 실로 대단했다. 명절이면 떡값과 선물은 기본이요, 때가 되면 본인은 물론 배우자 건강까지 꼬박꼬박 챙겨주었다. 그뿐인가. 아이들 학자금에 여유롭고 편안한 휴식을 위한 콘도 사용권, 각종 동호회 비용, 편안한 노후를 위한 개인연금 지원까지 수많은 혜택이 있었다. 그렇게 20년간 사번은 나를 지켜주었고, 나는 그것을 내 브랜드라고 착각했다.

어느 해 봄, 나는 사번을 반납했다. 아니, 반납 당했다. 오랜 기간 나와 내 가족의 밥과 행복을 책임져준 고마운 카드였지만, 세월 앞에선 어쩔 수 없었다. 그런데도 나는 그 여섯 자리 숫자의 힘을 철석같이 믿었다. 그래서 밥줄이 끊어질 때도 "정말 밥줄이 끊길까. 그동안 내가 기른 내공이 얼만데, 설마?"라며 현실을 부정하곤 했다. 하지만 사번을 뺏기고 나니 그 어떤 것도 남지 않음을 곧 알게 되었다. 그제야 뒤늦은 후회와 자책감이 밀려왔지만, 아무 소용 없었다.

'왜 나만의 그 무엇을 준비하지 못했을까. 20년은 결코 짧은 시간이 아닌데, 지금 나는 아무것도 없는 빈털터리 아닌가. 그동안 나는 도대체 뭘 한 걸까.'

되돌아보면 한심스럽기 짝이 없었다. 20년 동안 나는 시계추처럼 회사와 집만 왔다 갔다 했다. 굳이 다른 뭔가를 준비하지 않아도 오랫동안 직장에 다닐 수 있으리라고 착각했기 때문이다. 내게 주어진 업무만 문제없이 수행하면 그럴 수 있으리라고 믿었다. 하지만 아니었다. 중도 퇴직

당하던 날, 나는 '자기 일에 특별한 강점이 없으면 아무리 열심히 일해도 인정받을 수 없다'는 간단한 이치를 깨달았다. 20년이 넘도록 깨우치지 못한 것을 퇴직 후에야 깨달은 것이다.

누구나 나와 같은 문제에 직면할 수 있다. 어쩌면 이미 맞닥뜨렸는지도 모른다.

자기 강점이 없으면 아무리 열심히 일해도
인정받을 수 없다

훈련과 개발의 의미를 혼동하는 직장인이 적지 않다. 기업 인적자원개발(HRD, Human Resource Management)부에서 담당하는 훈련과 개발의 의미는 다음과 같다.

훈련은 현재 업무를 잘하기 위해서 반복적으로 시행하는 교육이며, 개발은 가깝거나 먼 미래 업무를 잘 준비하기 위해서 시행하는 교육을 말한다.

직장인에게 있어 시간은 일하는 시간(근무시간)과 일에서 벗어나 자유롭게 사용할 수 있는 시간(퇴근 후 시간)으로 나눌 수 있다. 조직에서 보내는 시간은 대부분 일하는 시간이다. 그것은 반복적이며 피할 수 없다. 그러므로 그 시간에 자기계발을 한다는 것은 쉽지 않다. 당연히 퇴근 후로 밀려나게 마련이다. 하지만 그 역시 다른 일을 처리하느라 어영부영 사라지는 경우가 많다.

뛰어난 연구 실적으로 세계적으로 이름을 떨친 연구원, 탁월한 성능의 제품 개발에 리더십을 발휘하는 엔지니어, 시장 상황이 어려운데도 활황기보다 좋은 실적으로 조직에 공헌하는 영업사원, 평범한 조직을 탁월한 조직으로 만드는 뛰어난 리더들이 있다. 과연, 그들도 일주일에 겨우 한 시간 정도밖에 자기계발을 하지 않을까.

그런 사람들은 매시간이 자기관리의 연속이다. 그만큼 자기계발에 충실하고 많은 시간을 투자한다. 반면, 많은 이들이 아무것도 하지 않으면서 그보다 더 많은 것을 원한다. 나 역시 마찬가지였다. 회사에서 밀려나고 싶지 않았으며, 회사에서 밀려난 후에는 어느 곳에서 어떤 일도 하지 못하는 세상과 주변 환경에 울분을 토했다. 비즈니스 세계에서 트레이드 가치가 있을 만한 그 어떤 기술도 갖고 있지 않으면서 유명 운동선수의 연봉에 대해서는 미주알고주알 평가하느라 바빴다.

톰 피터스는 《미래를 경영하라》에서 이렇게 말한 바 있다.

"평생직장 개념은 오래전 이미 무너졌다. 대기업도 더는 안정된 직장이 아니다. 평균 여섯 개 이상의 직장과 두세 개의 직업을 갖는 시대가 올 것이다. 우리는 직업적 삶의 대부분을 일종의 자기 고용 상태에서 보내게 될 것이다. 우리는 독립 계약자다. 이론이 아니다. 이미 나타나기 시작한 현상이다."

이 말을 처음 들었을 때 나는 '미국 이야기이겠거니'하고 생각했다. 그런데 아니었다. 이미 우리 이야기가 되어 있었다. "평균 여섯 개 이상 직장을 갖는다는 게 말이 돼. 그건 고용과 채용이 자유로운 나라 이야기야"라고 생각할지도 모른다. 아마 대부분 사람이 그렇게 생각할 것이다. 하지만 그건 채용시장에 관해서 잘 모르고 하는 얘기다. 이직과 전직을 빈번하게 하는 사람들의 이력서가 산더미처럼 쌓여 있는 데이터베이스를 단 한 번이라도 봤다면 이런 생각이 쑥 들어갈 것이다.

'두세 개의 직업'을 갖는 시대도 점점 현실이 되고 있다. 직장에서 밀려면 자동으로 두 번째 직업을 가질 수밖에 없다. 물론 운이 좋으면 그 경력을 살릴 수도 있겠지만. 문제는 직장에서 밀려나는 시기가 점점 빨라지고 있다는 점이다.

직장에서 밀려나는 시기가
점점 빨라지고 있다

스티브 안드레아스는 그의 저서 《NLP, 무한성취의 법칙》에서 이렇게 말했다.

"당신이 무엇을 할 때 한 가지 방법만 갖고 있다면 당신은 로봇이다. 만일 두 가지 방법을 가지고 있다면 당신은 딜레마에 빠진다. 당신이 어떤 것을 정말 융통성 있게 풀어내려면 그것을 해결하는데 적어도 세 가지 이상 방법을 알아둘 필요가 있다."

당신이 좋은 직장에 다니는 것에 만족한다면 당신은 회사의 로봇이 되는 것이다. 일하는 이유와 일에 만족하는 방법을 알지 못하면 머잖아 직장생활과 일 사이의 딜레마에 빠질 가능성이 높기 때문이다. 그런 점에서 좋은 직장과 일은 현재를 행복하게 해주지만, 미래까지 보장해주지는 않는다. 미래를 보장받으려면 확실한 자기 강점이 있어야 한다. 그런 만큼 자기 강점은 있으면 좋고 없어도 크게 문제 되지 않는 장식품이 절대 아니다. '생존'의 동의어로 이해해야 하는 필수품과도 같다. 공무원처럼 정년이 보장되는 직장이라면 굳이 자기 강점이 필요 없을지도 모른다. 그러나 일반 기업은 다르다. 그렇다면 자기 강점과 현재 직장은 어떤 관계가 있을까.

자기 강점이 있으면 현재 직장에서 나와서 독립적인 비즈니스를 해야 한다고 생각할지도 모른다. 반대로 변변한 자기 강점이 없으면 직장에 찰거머리처럼 붙어 있어야 한다고 생각할 것이다. 그러나 자기 강점의 존재 여부와 상관없이 회사를 그만둔다는 것은 매우 위험한 생각이다. 조직에서 진행하는 업무가 나의 미래 가치를 계속해서 높여주는 일이라면 조직에 남는 게 훨씬 이득이기 때문이다. 3년이건, 10년이건 머물 수 있는 한 머물러 있어야 한다. 하지만 담당 업무가 겨우 현상 유지되는 정도라면 머무를 것인지, 떠날 것인지 잘 생각해볼 필요가 있다.

자기소개서를 주기적으로 업데이트하면 자신의 가치를 객관적으로 볼 수 있다. 자기소개서만큼 자신의 독특한 가치를 외부에 보여줄 좋은 도구는 없기 때문이다. 그러니 1년 혹은 2년 단위로 자기 브랜드를 시장에 내다 팔 수 있는지 자세히 기술해보는 것이 좋다. 또한, 현실에서는 당장 그렇게 할 수 없겠지만, 최소한 정신만이라도 독립적이어야 한다. 정신이나마 진정한 비즈니스맨으로 자신을 변화시키는 것이다. 사번 하나만 믿고, 그저 조직에 순응하는 사람이 아닌 위험을 반기고, 혁신적이며, 자부심 강한 비즈니스맨으로의 전환이 필요하다.

04

커리어 패러다임이
바뀌고 있다

이야기 하나. 중견기업에 다니는 7년 경력의 서른일곱 살 최 과장. 그는 군 복무와 대학을 마친 후 2년여의 취업 준비 기간을 거쳐 첫 직장에 입사했다. 그리고 그곳에서 2년 동안 근무 후 다른 곳으로 옮겼고, 이후에도 계속 회사를 옮겨 7년 동안 무려 네 번이나 이직했다. 지금까지의 패턴대로 라면 그는 마흔다섯 살까지 앞으로 8년 동안 서너 번 더 직장을 옮길 것이다. 결국, 15년 직장생활 동안 일고여덟 번 이직 및 전직하는 셈이다.

문제는 그러는 동안 그가 맡은 업무다. 만일 그동안 그가 한 가지 업무만 계속했다면 그것은 거의 기적에 가까운 일이다. 직장이 바뀌면 담당 업무 역시 바뀌게 마련이기 때문이다. 그 역시 7년 동안 수많은 일을 거쳤다. 그러니 담당 업무에 있어서 자기 강점은 전혀 없다고 해도 과언이 아니다.

 이야기 둘. 마흔다섯에 명예퇴직 한 강 모 씨. 그는 별다른 준비 없이 전직 지원센터의 도움을 받아 3개월 만에 프랜차이즈 제과점을 열어 3년 동안 운영했지만, 큰 적자만 보고 접고 말았다. 그 후 1년을 쉬고 쉼이 다 되어 천우신조로 재취업에 성공했다. 막일이나 다름없었지만, 그마저도 2년을 채우지 못했다. 할 수 없이 있는 돈 없는 돈 끌어모아 다시 사업을 벌이기로 했다. 이번에는 6개월 정도 준비해서 식당을 차렸다. 하지만 그 역시 2년 만에 접어야 했다. 쉰다섯에는 대리운전을 시작했지만, 그조차도 3년이 한계였다. 낮과 밤이 바뀌는 생활이 계속되다 보니, 몸 관리가 제대로 되지 않아 건강이 급속히 악화했기 때문이다. 다시 낮에 일할 수 있는 업종으로 바꾼 것이 퀵서비스였다. 3년 동안 오토바이를 타고서 서울 시내를 누볐다. 그렇게 그의 15년은 어떻게 지나갔는지도 모르게 흘러갔다.

 이야기 셋. 박 모 씨는 10년 동안 엔지니어로 일하다가 인사 분야로 자리를 이동해 인사 · 채용 · 교육 업무를 10여 년간 한 후 마흔다섯 살에 퇴직했다. 이후 6개월간 하프타임을 가진 그는 헤드헌터 업계에 입문했다. 낮에는 기술인력 전문 헤드헌터로 일하면서 밤에는 대학원에 진학해서 석사 학위도 취득했다. 업무와 관련한 전문서적도 펴냈고, 직장인을 위한 자기계발서도 몇 권 출간했다. 또한, 직장인 대상으로 하는 강사가 되는 준비를 해서 얼마 전부터 강연도 시작했다. 모 대학 겸임교수가 되어 주말에 강의도 한다.

그는 엔지니어에서 인사담당자로, 인사담당자에서 헤드헌터로, 헤드헌터에서 작가로, 작가에서 강사 및 교수로 계속해서 변신을 시도했고 성공을 거두었다. 바다의 신 프로테우스처럼 프로티언 커리어(Protean Career)를 만들어낸 것이다.

프로티언
커리어

그리스 신화를 보면 '프로테우스(Proteus)'라는 바다의 신이 있다. 프로테우스는 변신의 명수로 마음만 먹으면 무엇으로도 변신할 수 있다. 여기서 '변화무쌍한'이란 뜻의 '프로티언(Protean)'이 유래했다. 여기에 경력이란 단어가 붙으면 '프로티언 경력'이란 말이 된다. 말 그대로 '변화무쌍하고 자유로운 경력'으로 해석할 수 있다. 쉽게 말해 자기 스스로 끊임없이 배우고, 환경과 시대 변화에 따라 인생과 경력을 자유롭게 재조정할 수 있는 능력을 말한다.

세상은 빠르고 급격히 변하고 있다. 그 때문에 조직 역시 조직원들의 다양한 능력을 원한다. 거기에 맞는 능력을 갖춘 이들만 살아남는 시대가 온 것이다. 조직뿐만이 아니다. 갈수록 평균 수명이 길어져 일하는 기간이 점점 늘어나고 있다. 그러다 보니 이제 쉬어야 할 나이인데도 새로운 일을 찾아야 한다.

이것이 바로 프로티언 경력이 필요한 이유다. 프로티언 경력은 이 시대를 살기 위해서 우리가 갖춰야 할 능력 중 하나가 되었다. 그렇지 않으면 생존 자체가 어렵기 때문이다.

얼마 전까지만 해도 우리는 경력을 연봉 및 지위 등이 향상되면서 위로 승진하는 과정으로 생각했다. 하지만 이제는 확연히 달라졌다. 조직의 수평화로 인해 수직적 상승이 점점 어려워지고 있기 때문이다. 그만큼 경력에 대한 인식 역시 빠르게 변화하고 있다. 나아가 이런 사회 변화는 자기 강점 중심의 커리어가 필요하다는 인식을 확산하는 결과를 가져왔다.

사회 구조는 이미 무한경쟁과 성과 중심으로 급속히 전환하고 있다. 여기에 대처하려면 자신의 가치를 높이는 수밖에 없다. 그에 대한 방안으로 주목받는 것이 바로 자기 강점이다. 이제 고용 보장에 대한 책임은 조직이 아닌 개인이 져야 하는 시대가 된 것이다.

산업화 시대 직장의 개념은 20대 중반에 취업해서 30~35년간 근무한 후 50대 후반이나 60대 초반에 정년퇴직하는 것이었다. 즉, 한 직장에서 오랫동안 똑같은 일을 하며 사원에서 시작해 부장이나 임원을 끝으로 회사를 그만두는 게 보통이었다. 하지만 이제는 시대가 바뀌었다. 더는 한 직장에서 평생 일한다는 게 불가능해졌다. 입사 후 3~4년이면 대리가 되고, 또다시 3~4년을 버티면 과장이 되던 그런 정형화 된 패턴에서 벗어난 것이다. 입사 후 채 1년도 되지 않아 회사를 떠나는 대졸 신입사원이 넘쳐난다. 한 회사에서 근무하는 기간이 4년 미만인 직장인이 전체 직장인의 절반을 넘는다는 통계도 있다.

지난 40년간 인간의 평균 수명은 무려 26년이나 늘었다. 자기 강점 없이 수명만 길어진다는 것은 그리 좋은 상황이 아니다. 불행한 노후가 이어질 수 있기 때문이다. 이에 현대 경영학 창시자 피터 드러커는 개인 커리어 개발에 기업 경영 개념을 접목, 자기 강점을 통해 시장에서 자기 가치를 높여야 한다고 주장했다. 개인도 '나이키'나 '스타벅스'처럼 자신을 상징하는 브랜드를 만들어야 한다는 것이다.

고용 보장의 책임은 조직이 아닌

개인의 몫

퇴출 명단이 발표되기 전까지 이렇게 말하는 사람들이 더러 있다.

"쫓겨난들 뭐든 못하겠어!"

그러나 명단이 발표되면 바로 말이 바뀐다.

"나는 아닌 줄 알았는데…. 왜 하필이면 나야?"

아무리 세상이 뒤숭숭해도 나는 비껴갈 것이라는 막연한 믿음이 유리조각처럼 산산이 부서지는 순간이 언젠가는 오게 마련이다. 아무런 준비 없이 그 순간을 맞으며 '왜 나여야만 하나', '왜 나만 밀려나야 하나'라며 가슴을 치고 싶은 사람은 아마 없을 것이다.

이십여 년 전까지만 해도 커리어를 걱정하는 직장인은 거의 없었다. 웬만하면 한 직장에서 거의 정년까지 일할 수 있었고, 평균 수명보다 일하는 기간이 길어 지금처럼 퇴직 후를 걱정하지 않아도 되었기 때문이다. 하지만 1990년대 후반부터 급격한 변화가 일어났다.

IMF 이후 시작된 노동 유연화 정책은 정리해고와 계약직을 급속히 확산했다. 정리해고는 기존 사원들의 커리어에, 계약직 도입은 신입사원들의 커리어에 치명타를 가했다. 그때부터 30대 중반만 돼도 명예퇴직을 걱정하게 되었으며, 대학을 졸업해도 정규직이 되려면 험하고 긴 여정을 거쳐야만 했다. 그것이 다가 아니다. 직장인으로서의 삶이 끝난 후, 즉 은퇴 후를 염두에 두지 않으면 안 되는 상황이 되었다.

산업디자인계의 거장 김영세 씨는 이렇게 말한다.

"먹고 살려면 잡(job)을 잡아야 합니다. 하지만 인생의 큰 그림을 그리려면 커리어를 만들어야 해요. 왜 직장에 다니느냐고 물어보면 나중에 진짜 하고 싶은 일을 하기 위해서라고 답하는 사람이 참 많아요. 당장 먹고 살아야 하니까 취직은 하는데, 정작 하고 싶은 일은 따로 있는 거죠. 이건 사장 입장에서 들으면 참 황당한 말입니다. 현재 직업과 정말 하고 싶은 일이 따로 분리된 사람에게 어떤 재능과 성과를 기대하겠어요?"

조직원이 열 명이라면 두 명은 조직을 이끌어가는 리더 역할을 하게 된다. 조직의 중요한 일 80%를 그 두 명이 해결한다. 여덟 명은 그 나머지 역할을 한다고 보면 된다. 그 두 명 중 한 명이 과장이 되고, 부장이 되며, 결국 임원 자리에까지 오르게 된다.

제 역할보다 더하는 사람은 걱정할 필요가 없다. 문제는 딱 제 역할만을 하는 사람들과 제 역할도 제대로 못 하는 사람들이다. 제 역할도 제대로 못 하면서 불만으로 가득 차 있는 사람은 더욱더 문제다. 그런 사람들일수록 조직 덕을 보고 있는 게 확실한데도 자신이 잘나서 조직에 계속 남아 있는 줄로 착각하기까지 한다. 의외로 그런 사람들이 많다.

이제 커리어 패러다임(career paradigm)이 바뀌었다는 사실을 인정해야 한다. 이미 직장인의 삶의 양상은 크게 바뀌었다. 어느 직장도 예순 살 이후를 보장해주지 않는다. 예순 살 이전도 문제고, 그 이후도 문제가 된 것이다. 이런 현실을 받아들여야 한다. 그러지 않으면 자신만 괴로울 뿐이다.

미국 메이저리그 역사에서 가장 위대한 포수 중 한 명으로 꼽히는 요기 베라는 이렇게 말한 바 있다.

"끝날 때까지 끝난 것이 아니다."

어떤 경기건 마지막 반전 기회가 있다. 우리 인생 역시 마찬가지다. 9회 말 투아웃이라도 충분히 역전이 가능하다. 그 기회를 붙잡는 건 바로 우리 자신의 몫이다.

05

명함 없이도
나를 말할 수 있어야 한다

누군가를 처음 만났을 때 건넬 명함이 없다면 당황스럽기 그지없다. 내가 나를 누구라고 말하기도 쑥스럽거니와 명함만큼 일목요연하게 나를 소개하는 방법이 없기 때문이다. 특히 비즈니스 관계로 사람을 만날 때 미처 명함을 준비하지 못했다면 큰 실수를 범하는 셈이다. 그 때문에 기업에서는 신입사원들의 비즈니스 매너 교육 항목으로 명함 에티켓 교육을 빼놓지 않는다.

직장인이라면 다음과 같은 내용을 한두 번쯤 교육받거나 들어봤을 것이다.

명함은 명함 지갑에 넣어 깨끗하게 보관하고 꺼내기 쉬운 곳에 넣어둔다. 명함은 서서 주고받는 것이 매너이며, 먼저 자신의 소개를 짤막하게 한 다음 건네야 한다. 명함은 오른손으로 건네고, 왼쪽 손바닥으로 받는다. 받은 명함은 두 손으로 꼭 잡고 봐야 하며 장난을 치거나 훼손해서는 안 된다.

친구 관계에서도 명함은 요긴하게 쓰인다. 졸업 후 처음 만나거나 한동안 연락이 없다가 다시 만나면 으레 "명함 하나 줘봐"라는 말로 인사를 대신하곤 한다. 그동안 뭘 하면서 살았는지 궁금하기도 하고, 어디서부터 무슨 말을 하면 좋을지 몰라 애매한 경우, 명함만큼 대화의 물꼬를 트는 데 유용한 도구도 없기 때문이다.

취업하면 명함이 생긴다. 나는 1980년대 중반 경기도 부천에서 직장에 다닐 때 명함이란 걸 처음으로 가져봤다. 신입사원에 불과했지만, 그 명함 한 장으로 외상술도 가능했다. 회사 이름과 이름 석 자가 새겨진 그 조그마한 종이 한 장은 밥도 되고, 술도 되었다. 그렇게 명함의 힘을 느끼며 나는 회사가 되고, 회사는 내가 되는 듯한 착각에 빠졌다. 비단 나뿐만이 아닐 것이다. 직장 경력이 오래될수록 '명함=자신'이라는 공식을 세우고 그대로 믿는 사람들이 의외로 많다. 즉, 명함과 자신을 동일시하는 것이다.

회사라는 브랜드 안에서
자기 강점을 만들어라

몇 년 전부터 700~800만 명으로 추산되는 베이비붐 세대(1955~1963년 태어난 사람들)의 퇴직이 본격적으로 시작되었다. 그와 함께 그들의 명함 역시 사라지고 있다. 20~30년간 술도 되고,

밥도 되었던 그들의 명함이 점점 효력을 잃어가고 있는 것이다. 여든이 되려면 아직 20년이나 족히 남았는데도 말이다.

이제 처음 만나는 사람에게 당당하게 내밀 것이 없다. 회사에 속한 사람이 아닌 한 개인으로서 자신이 누구라는 것을 나타내줄 것이 없기 때문이다. 그간 명함 속에 묻혀 있던 자신의 정체성이 이제야 겨우 만천하에 드러났건만, 아이러니하게도 자신이 누구인지 설명하기가 어려운 것이다.

직장인이 아닌 한 개인으로서 이제 홀로서기를 해야 한다. 그나마 준비된 퇴직이라면 금세 추스르고 새길을 갈 수 있지만, 준비 없는 퇴직이라면 그 상실감은 이루 말할 수 없다. 그래서일까. 많은 사람이 퇴직 후에도 명함을 갖고 싶어 한다. 사실 명함 하나 만드는 것은 일도 아니다. 문제는 명함에 들어갈 내용이다. 이름 석 자만 달랑 넣을 수는 없기 때문이다. 그렇다고 구구절절 설명하는 문구를 넣을 수도 없다.

이제 공은 30~40대에게 넘어왔다. 베이비붐 세대가 준비 없이 받았던 공이다. 원하건, 원치 않건 30~40대는 그 공을 받아들 준비를 해야 한다. 회사 명함을 사용할 수 없게 되었을 때 자신을 어떻게 설명할 것인지 지금부터 고민하고 대비해야 한다.

가장 좋은 것은 종이로 된 명함 없이도 나를 설명할 수 있는 것이다. 그것이야말로 최상의 명함이다. 예컨대, 방송에 나오는 전문가들을 보라. 그들에게 직접 명함을 받진 않았지만, 우리는 그들이 누군지, 어떤 일을 하는지 아주 잘 알고 있다. 그들처럼 될 필요까진 없지만, 최소한 내가 몸담은 회사나 업계에서 이름만 대면 "아, 그 사람!"이라고 알 정도는 되어야 하지 않을까.

회사라는 브랜드 안에서 자기 강점을 만들어야 한다. 그리고 자신을 어떻게 브랜딩 할 것인지 고민하고, 계획하고, 실행해야 한다. 30~40대 라면 더욱 그렇다. 남아 있는 시간이 별로 없다.

06

회사 일을
업무로만 끝내지 말라

세상일은 경쟁의 연속이다. 직장인은 더욱 치열하다. 동기와의 경쟁도 모자라 선배, 상사, 후배와도 경쟁해야 한다. 공동 목표가 생기면 모두 한 편이 되지만, 목표를 달성하고 성과를 따질 때는 적이 되는 치열한 격전지가 바로 직장이다. 깎인 보너스에 가슴이 저리고, 승진에 밀려 가슴이 아프다. 누구보다 많은 연봉과 성과급을 받고 싶고, 누구보다 먼저 승진 고지에 서고 싶어 한다.

자신 자신과의
경쟁

치열한 경쟁에서 살아남으려고 발버둥 치다 보니, 정작 가장 중요한 자기 자신과의 경쟁은 소홀할 우려가 있다. 비록 눈에 보이진 않지만, 자기 자신과의 경쟁은 열정을 끌어올리고 자기만의 색을 찾는 매우 중요한 과정이다. 남들과의 경쟁이 살아남기 위한 것이라면, 자기 자신과의 경쟁은 행복해지기 위한 것이다.

당장은 살아남는 것이 중요하지만, 모든 사람의 궁극적 목표는 행복이다. 그러자면 자신과의 경쟁에 집중해야 한다. 과장으로 승진한 내가 행복한 것이 아니라 내가 과장이 되어서 행복하면 된다. 얼핏 같은 말처럼 들리지만, 실상 그 의미는 전혀 다르다. '과장이 된 나'는 외부로 보이는 나다. 그 때문에 제아무리 힘들고 치열한 경쟁을 통해서라도 특진을 하고 다른 사람들의 칭찬을 들어야만 행복하다. 그러나 '내가 과장이 된 것'은 설령 그 시기가 좀 늦어도 행복할 수 있다. 따라서 조금이라도 더 행복해지고 싶다면 자신과의 경쟁에서 최선을 다해야 한다.

자신만의 비전을 갖는 것 역시 중요하다. 회사 내 업무를 통해 뭔가 이루려는 비전이나 목표 여부가 업무 만족도와 몰입도를 가르는 기준이 되기 때문이다. 일을 단지 일로만 생각해선 안 된다. 그것이 자신의 강점을 만드는 바탕이 된다는 사실을 인정하고 받아들여야 한다. 그런 인식이 있어야만 힘든 업무가 즐거워지고, 도전 욕구가 나온다.

사람들은 보통 어떤 회사에서 일했는지, 어떤 일을 했는지를 매우 중요하게 여긴다. 실제로도 그것이 중요하다. 하지만 출신 회사나 담당 업무 그 자체보다는 그것을 유지하거나 제2의 경력으로 발전시키는 꾸준함과 특별함이 있는지가 훨씬 더 중요하다. 따라서 회사 일을 단순히 업무로만 끝내선 안 된다. 그것이 자신의 미래 브랜드와 연결되도록 해야 한다.

충성도 높은 직원을
키우는 법

연봉은 경력에 따라 올라가는 게 일반적이다. 하지만 자기 강점은 그렇지 않다. 무조건 오래 근무했다고 해서 자기 강점이 저절로 생기거나 쌓이진 않기 때문이다. 특별한 계획이 없어도 회사에 오래 붙어 있기만 하면 연봉과 직급은 오를 수 있다. 하지만 자기 강점은 특별한 계획이나 노력 없이 저절로 생기지 않는다.

기업의 존재 이유가 지속적인 성장과 이익이라면 충성도 높은 직원과 목표 달성률이 높은 직원의 장기근속이 꼭 필요하다. 메뚜기처럼 가볍게 날아다니는 이직자 및 전직자들과 충성이라고는 눈 씻고도 찾아볼 수 없는 직원들은 빈껍데기에 불과하다. 성장이 멈추고 이익이 사라지면 곧 이 사실을 알게 된다. 물론 이직과 전직을 반복하는 사람들과 충성도가 낮은 사람들이 조직을 장악하고 있어도 성장하고 이익을 낼 수는 있다. 하지만 그것은 단기적일 뿐 오래가지 못한다.

별로 차이가 나지 않는 연봉에 직장을 옮기는 일이 비일비재하듯이, 기업 역시 결원이 생기면 즉시 비슷한 스펙의 직원을 채용해서 그 자리를 채운다. 이른바 회전문식 인사다. 악어와 악어새처럼 서로 필요하기 때문에 공생하기는 하지만, 기회가 되면 언제라도 덥석 잡아먹을 수도 있고, 빌미가 생기면 훌쩍 도망갈 수 있는 위험한 공존을 하는 것이다. 사원은 연봉이 오르지 않는다고 사장을 성토하고, 사장은 쓸 만한 직원이 없다고 불평한다.

사장은 일 잘하는 직원을 원하며, 그런 직원을 키우고 싶어 한다. 이를 위해 긴 시간을 할애하는 사장도 있다. 문제는 그렇게 핵심 인력으로 채용된 사람들이 입사 후 가뭄에 시들어가는 화초처럼 생기를 잃는 경우다. 어려운 과정을 거쳐 뽑은 신입사원들 역시 마찬가지다. 직원 채용에는 온갖 기준을 들이대며 옥석을 가리느라 애쓰지만 이후 직원 교육과 개발에는 소홀하기 때문이다. 물론 기업은 직원들에게 필요한 기본적인 것들을 훈련이란 이름으로 수시로 진행하기도 하고, 연수를 시행하기도 한다. 기업의 미래를 위해 경력 개발이라는 과정을 진행하기도 한다. 하지만 대부분 강제적일 뿐만 아니라 직원 개개인의 관심 분야나 성향은 무시하는 경향이 있다. 다분히 기업 편의적으로 진행되는 셈이다.

사람은 자기에게 유익하거나 흥미를 유발하는 것에 관심을 둔다. 그런 만큼 인재 개발을 위해서는 자율성 역시 필요하다. 즉, 자기 강점의 기초는 훈련과 교육, 연수로 이뤄지긴 하지만, 그 과정에서 자율성 역시 어느 정도 보장되어야 하는 것이다.

07

갈수록 위태로운
직장인의 사계

많은 사람이 좋아하는 클래식 명곡 중 봄·여름·가을·겨울의 특징과 변화를 아주 아름답게 그려낸 비발디의 〈사계〉가 있다. 휴대폰 벨 소리부터 가요 전주곡에 이르기까지 매우 친숙한 멜로디로 많은 이들의 사랑을 받는 곡이다.

싱그러운 햇살과 새들이 지저귀는 봄, 더위에 지친 여름, 풍요로운 축복으로 술에 취해버린 주정뱅이의 가을, 짧은 음표들이 얼음처럼 차갑고 날카로운 느낌을 주는 겨울. 이렇듯 〈사계〉는 네 계절의 정취와 감흥을 계절에 맞춰 잘 살려내고 있다.

비록 음악처럼 다정하고 알싸한 정취가 묻어나진 않지만, 직장인의 삶 역시 사계절과 무척 닮았다.

불안하고,
잔인한 봄

　　겨우 몇 달간 근무하는 인턴 자리라도 얻기 위해 수많은 젊은이가 치열하게 경쟁한다. 어디 그뿐인가. 나이 불문하고 비정규직 일자리를 차지하기 위해 애쓰는 사람들이 온·오프라인 할 것 없이 넘쳐난다. 비정규직은 정규직을 마냥 부러워한다. 똑같은 일을 하는데도 처우가 다르기 때문이다. 정규직이라고 해서 불안하지 않은 것은 아니다. 시도 때도 없이 다가오는 명예퇴직의 칼날이 그들을 좌불안석하게 한다.

　수많은 젊은이가 비정규직의 설움과 불안한 정규직의 미래를 단번에 해결할 수 있는 대안으로 공무원을 첫손에 꼽는다. 노량진 학원가가 미어터지는 이유이기도 하다. 연봉이 다소 낮은 게 흠이긴 하지만, 정년을 보장받을 수 있을 뿐만 아니라 퇴직 후에도 공무원 연금을 받을 수 있다는 장점이 있기 때문이다. 현실과 노후 걱정을 한꺼번에 해결해주는 그야말로 최상의 일자리인 셈이다. 최고 배우자감으로 학교 선생님과 공무원이 꾸준히 거론되는 현실이 그 방증이다. 물론 그만큼 경쟁이 치열한 것은 당연하다.

　사람들이 공무원이 되고 싶은 것, 대기업에 들어가고 싶은 것, 정규직이 되고 싶은 이유는 자명하다. 더 행복한 미래를 원하기 때문이다. 그래서 그들은 오늘도 굳은 각오를 다지며 도서관과 학원을 찾는다. 직장만 얻을 수 있다면 세상에 못 할 것이 없음을 확신하면서.

막막하고,
슬픈 여름

직장인은 항상 불안하다. 이번 달 실적이 좋으면 다음 달 실적이 걱정이고, 좋지 않은 결과가 나오면 당장 내일 아침 출근길이 불안하다. 일요일 저녁이면 월요일이 오는 게 두렵기조차 하다. 아침엔 저녁이, 저녁엔 다음 날 아침이 불안하다. 아침에 눈 뜨면 출근 시간이 불안하고, 출근길 차 안에서는 아침 미팅이 불안하다. 오전 미팅이 끝나면 고객 독촉 전화가 불안하고, 시도 때도 없이 쏟아지는 상사의 눈초리와 질타가 불안하다. 연말 임원 승진 발표가 나면 어느 부서로 가게 될지 불안하고, 연초 승진 심사 결과가 발표되면 명단에 없을까 봐 불안하다. 호황기에는 일이 많아 제때 처리할 수 없을까 봐 불안하고, 불황기에는 자리에서 밀려날까 봐 불안하다. 그러다 보니 누구도 믿을 수 없다. 옆에 있는 동료나 후배가 먼저 치고 올라가지 않을까 불안하기 때문이다.

직장인은 슬프다. 월급날이면 급여가 들어오기가 무섭게 카드값, 은행 대출 이자, 자녀교육비로 빠져나가는 통장이 슬프다. 연봉보다 더 오르는 교통비, 커피값, 점심값이 슬프다. 동료의 승진에 슬프고, 친구가 집을 샀다는 말도 슬프다. 이른 출근이 슬프고, 늦은 퇴근이 슬프며, 주말 출근이 슬프다. 또한, 언제까지 일할 수 있을지 걱정해야 하는 현실이 슬프다. 그렇다고 해서 당장 직장을 그만둘 수도 없다. 직장을 그만두면 뭘 먹고 살아야 할지, 그 막막함이 슬프기 때문이다.

사업하는 사람들은 그래도 직장 다닐 때가 제일 속 편하다고 한다. 그러나 정작 직장인들의 생각은 다르다. 현재의 삶과 미래의 불안감이 주는 스트레스가 만만치 않기 때문이다. 그러니 똑같은 고생을 할 바에야 차라리 내 사업을 하면서 고생하는 것이 더 낫지 않을까, 라는 생각마저 하게 된다.

직장인이 돈을 모을 수 있는 기간은 20년 내외에 불과하다. 특히 30~40대 때가 가장 중요하다. 이때 돈을 모으지 않으면 사실상 돈을 모으는 게 불가능하다. 따라서 이 시기를 잘못 보내면 지옥 같은 노후가 기다리게 된다.

예순에 정년퇴직을 한다고 해도 20~40년은 더 살아야 한다. 더욱이 지금의 자식 세대는 부모 봉양과는 거리가 멀다. 그러니 "우리가 우리 부모에게 했듯이 우리 아이들도 그렇게 하겠지"라는 기대는 애초에 버리는 것이 좋다. 그런데도 대다수가 속수무책으로 하루하루 넘기는 것에 만족하며 산다.

쓸쓸하고,
공허한 가을

그래도 직장인은 안정적이다. 직장인 되기가 어렵지 일단 직장인이 되면, 적게는 수천만 원, 많게는 몇억 원을 들여 사업에 승부를 거는 사람들과 비교했을 때 안정적이기 때문이다. 사업 시작 후 5년 이내에 폐업하는 확률이 80%가 넘는다는 통계만 봐도 그렇다. 직장인은 아무리 늦어도 5년이면 보통 대리가 된다. 세상에 대리 80%를 내쫓는 기업은 없다. 아무리 IMF가 왔어도 전 직원의 80%를 해고한 기업은 없었다.

아주 우연한 기회에 13년 차 중견 공무원을 만난 적이 있다. 임시직도 아니고 일반 회사원도 아닌 공무원이 무슨 걱정이 있을까만, 그 역시 나름의 고충이 있었다.

"매일 반복되는 기계적인 일에 발전하고 있다는 느낌이나 긍지를 갖기 어려워요. 특별히 자기계발을 위해 할 것도 없고, 그럴 시간도 없어요. 늘 바쁘기만 해요. 미래가 걱정되는 건 없지만, 하루하루가 재미있는 것도 아니에요."

"… 잘하시는 게 뭐예요?"

"그런 것 없는데요."

"13년이나 한 곳에서 열심히 일하셨는데 업무적으로 잘하시는 게 있을 것 아니에요."

"제가 하는 일은 누구나 할 수 있는 일이예요. 특별히 잘하거나 못하거나 하는 종류의 일이 아니란 거죠. 그저 실수 없이 잘 처리하면 돼요."

어쩌면 그는 자기 일에 관해 매우 겸손하게 말했을 수도 있다. 그래도 13년 경력인데, 어떤 전문성도 없다는 게 말이 안 되기 때문이다. 한편으로는 공무원이나 일반 직장인이나 별로 다를 게 없다는 생각이 들기도 했다.

출고,
혹독한 겨울

'개미와 베짱이' 우화를 기억할 것이다. 겨울이 되자, 한여름 내내 노래만 부르며 거드름을 피운 베짱이는 굶어 죽을 위험에 처하고, 열심히 일한 개미는 따뜻한 방 안에서 풍족함을 누린다는 이야기이다. 그런데 현실의 30~40대 직장인은 개미처럼 열심히 일해도 추운 겨울을 맞이하는 경우가 생길 수 있다. 특히 자녀교육이 다 끝나기도 전에 직장에서 밀린다면 그 추위는 더욱 혹독해진다. 무난히 정년퇴직했다고 해도 따뜻한 겨울을 맞이할 수 있는 건 아니다. 물질적·생활적으로는 좀 더 풍요로울지 몰라도 정신적으로 메마를 수 있기 때문이다. 그래서일까. 명예롭게 퇴직했어도 할 일이 없다는 공허함에 시달리는 사람이 있는가 하면, 일하던 사람이 일을 그만두면 더 늙는다는 이야기도 심심치 않게 들려온다.

한 공공기관의 시설물 경호 인력 선발에 면접위원으로 참여한 적이 있다. 서류전형을 거쳐 최종 면접까지 올라온 면접 대상자 중에는 환갑이 넘은 사람도 있었다. 60대 노인이 30~40대와 함께 일하겠다며 지원한 것이다. 그는 대기업과 중견기업에서 거의 정년까지 일하고 퇴직했으며, 지금도 계속 일하고 있다고 했다.

"그 누구보다도 정신력이 강하다고 생각합니다. 체력 역시 그 누구에게 밀리지 않습니다. 일하고 싶습니다. 충분히 일할 수 있는 나이인데도 자꾸 밀려나는 것 같아 행복하지 않습니다."

일에서 멀어진다고 생각하니 행복에서도 멀어지는 것 같다던 그 지원자가 면접 결과와는 상관 없이 오랫동안 기억에 남는 이유는 과연 뭘까.

전직 경찰관이었던 지원자도 있었다. 그 역시 환갑이 가까웠지만, 겉으로 보이는 모습에선 그처럼 나이 들었다는 인상은 전혀 받지 못했다. 그는 지금도 충분히 일할 수 있다는 자신감과 의욕으로 넘쳤다.

"움직이고 싶습니다. 일하고 싶어요. 마음 같아서는 이제부터 20년도 더 일할 수 있을 듯합니다. 젊은이들보다 체력은 조금 처질지 모르지만, 업무 경력이나 유연성에서는 절대 지지 않을 자신 있습니다."

어떤 식으로건 직장인에게 겨울은 온다. 그 겨울을 어떻게 보낼 것인가. 이 또한 중요하게 생각해야 할 문제다. 아니, 이제 누구나 필수적으로 생각해야 한다.

08

지나온 길이 아닌
걸어갈 길을 봐라

올림픽 메달 수여식 장면을 보다 보면 은메달을 따고도 매우 우울해하는 선수들이 더러 있다. 토너먼트(승리한 팀만 다음 회전에 진출하며, 마지막 두 팀이 우승을 겨루는 방식) 방식인 경우에 더욱 그렇다. 그런 종목은 외려 동메달을 딴 선수의 얼굴이 더 밝고 환하다. 과연, 그 이유는 뭘까.

분명 은메달도 훌륭한 성적임이 틀림없다. 하지만 아무래도 패하고 받는 메달이라는 생각이 얼굴에 언뜻 드러나기 마련이다. 모든 스포트라이트가 금메달 수상자에게 집중되는 탓에 이리 치이고 저리 치이는 피곤함과 실망감도 한몫한다. 실제로 스포츠 경기에서 2등이 가장 피곤하다는 연구 결과도 있다. 하지만 후회 없는 경기를 했다면 은메달도 충분히 자랑할 만한 자격이 있다. 2등이면 어떤가. 최선을 다했고, 후회가 없다면 2등이어도 충분히 행복할 자격이 있다. 그러니 2등이라고 해서 좌절하거나 실망할 필요는 없다. 1등보다 행복한 2등이 되면 된다.

2등으로
산다는 것

　　돌이켜보면, 내 인생에서 가장 재미있었던 때는 중학교 시절이었다. 3년 내내 상위권 성적을 유지할 수 있었기 때문이다. 시골 면 소재지 작은 중학교에는 공부 잘하는 아이들이 별로 없었다. 모두 고만고만해서 조금만 공부해도 상위권을 유지할 수 있었다. 작은 시골 학교에서 느끼는 행복이자 즐거움이었다. 그러나 군청 소재지인 고등학교는 달랐다. 각 면에서 공부깨나 하는 아이들이 모였기 때문에 간신히 중위권 성적을 유지하는 정도였다. 그러다 보니 학교생활이 영 재미없고 피곤했다. 3년 내내 불행하다는 생각만 들었다.

　그때나 지금이나 대학 입시는 미로처럼 여전히 복잡하다. 그때도 잘사는 집 아이들은 과외도 하고, 학교 선생님을 몰래 초청해서 그룹 스터디도 했다. 하지만 나는 그럴 형편이 못 되었을 뿐만 아니라 학교 가는 것에 흥미마저 잃고 말았다. 그 결과, 전기 대학입시에서 보란 듯이 떨어졌고, 후기에 서울 변두리에 있던 한 대학에 겨우 입학했다. 그것도 예비고사 점수에 눈높이를 맞추다 보니 적성과는 전혀 무관한 전자공학과를 선택하게 되었다. 수학을 싫어했던 내게는 언감생심 말도 안 되는 일이었지만, 적성이나 꿈을 입에 올리기에는 가난한 농사꾼인 부모님이 자꾸 눈에 밟혔다. 누군가는 나라의 미래를 위해서 전자공학을 선택했다고 했지만, 나는 그런 생각조차 하지 못할 만큼 작고 초라하기 그지없었다.

　사람들은 흔히 꿈을 따라가야 한다고 말한다. 그래야 행복할 수 있고, 성공할 수 있다면서. 하지만 그것은 상위 몇 퍼센트 안에 드는 아이들에게나 해당하는 것이었다. 나 역시 내 꿈에 맞춰 전공을 선택하고, 앞날을 스스로 선택할 수 있을 줄 알았다. 하지만 그럴 수 없었다. 적성을 따라가고 싶어도 현실이란 높고 두꺼운 벽이 가로막아 섰다.

　그래도 대학 생활은 나름대로 즐거웠다. 다시 상위권 성적을 유지할 수 있었기 때문이다. 2등들이 모인 후기대학이라는 특성도 있었지만, 친구들과도 서먹서먹하고 남는 시간을 어떻게 보내야 할지 몰라서 학기 초부터 도서관을 들락거린 결과였다. 비록 전공이 적성에 맞지는 않았지만, 피곤하지는 않았다.

　2등 세계에서 1등을 경험하는 것 또한 재미있었다. 2등 세계는 그다지 치열하지 않았다. 나름의 정도 있고 바쁘지도 않다. 조금만 노력하면 상위권을 유지할 수 있어서 피곤하지도 않았다. 다른 사람을 이끄는 것도 재미있었고, 겸손을 떠는 즐거움도 있었다. 그 결과, 좋은 학점을 받고, 졸업 후 좋은 회사에 들어갈 수 있었다.

　그렇게 해서 들어간 회사에서의 처음 10년은 영 재미가 없었다. 이류대학을 나왔다는 학력 콤플렉스에 시달려야 했기 때문이다. 무슨 일을 해도 명문대학 출신에게 밀리는 듯했다. 그 때문에 명문대 출신 상사를 만나면 왠지 모르게 주눅이 들었고, 일류대 출신 후배를 만나면 나도 모르게 긴장이 되었다. 물론 그들은 나를 차별하지 않았다. 내가 나를 차별했을 뿐이다. 자격지심을 느낀 셈이다.

　내가 나를 이기는 데는 꽤 오랜 시간이 걸렸다. 아니, 사실은 10년 동안 쌓은 경력과 분위기가 학력 콤플렉스를 상쇄시켰다고 하는 게 옳다. 그래서 회사에서의 후반 10년은 나름대로 지낼 만했다. 그래도 피곤함은 가시지 않았다. 일류 회사에서 2등으로 살아가는 것은 역시나 피곤한 일이었다. 1등은 그 사실을 잘 모르겠지만.

뒤로 걷기의
불편함

2003년 나는 20년간의 직장생활을 마치고 퇴직했다. 남아 있는 사람들 눈에는 거의 밀려난 수준인데, 밖에 있는 사람들은 명예롭게 나왔다고 했다. 나와서 보니 20년간 수많은 사람을 만났는데, 그들 모두가 나를 기억하는 건 아니었다. 아주 가까이서 일했던 몇몇만이 나를 기억했다. 생각해보니 나 역시 한때는 매우 가깝다고 생각했던 사람들을 잘 아는 것이 아니었다. 직장에서의 인간관계 깊이가 그리 깊지 않다는 사실을 미리 알았더라면 실망감 역시 덜했을 것이다. 나도, 그들도 모두 겉모습에만 치중했다는 사실을 부정할 수 없었다.

퇴직 후 5년간은 전혀 재미가 없었다. 재미라는 단어를 들먹이는 것 자체가 무리다. 어느 것 하나 준비된 것이 없었기 때문이다. 어떤 준비도 되지 않은 상태에서 퇴직하는 바람에 찬바람을 고스란히 맞을 수밖에 없었다. 회사생활이 피곤하긴 했지만, 최소한 쫓겨나지는 않으리라고 생각했다. 그래서 견디고 버텼는데, 그런 기대마저 허망하게 빗나가버렸다. 명예롭지 않은 명예퇴직을 당하고 보니 정신이 확 들었다.

뒷걸음질하는 것이 얼마나 불편한지 알려면 뒤돌아서서 걸어보면 된다. 뒷걸음질한다는 것은 과거를 보면서 걷는다는 것이다. 과거 추억과

익숙함, 편안함에서 위안을 다소 얻을 수는 있다. 하지만 왠지 모르게 불편하다. 뭔가 거북스럽고 속도가 나지 않기 때문이다. 한 발 한 발 조심스럽게 전진하기는 하지만, 전혀 속도가 붙지 않는다. 뛰고 싶지만 그럴수 없는 상황이라는 것을 몸이 느끼고 있기에 섣불리 뛸 수도 없다. 흘긋흘긋 뒤돌아보며 나아갈 길을 확인해보지만 먼 곳까지는 볼 수 없다.

　이렇듯 뒤를 보면서 앞으로 나가기란 앞을 보면서 앞으로 나가기보다 훨씬 어렵다. 과거에 묻혀서는 미래로 나아갈 수 없다. 뒤로 걷기의 불편함을 이기는 방법은 뒤로 걷기에 익숙해지는 것이 아니라 바로 걷는 것이다. 지나간 시선, 지나간 사람들, 지나간 생각에 묶여 비틀거리며 뒷걸음질 치지 말고, 그냥 돌아서서 앞을 보며 똑바로 걸으면 된다. 앞으로 펼쳐진 환경, 앞으로 만날 사람들, 앞으로 마주하게 될 미래를 보면서 과거로부터의 파노라마를 전환하는 것이다.

과거가 아닌
미래에 투자하기

　　　　　　　익숙한 조직, 익숙한 사람들과의 원치 않은 이별은 몸과 마음을 한동안 부자연스럽게 했다. 또한, 조직에서 밀려난 한 개인에게는 힘이 없었다. 사회는 조직에 있는 사람을 원하지 조직을 떠난 개인은 나 몰라라 했기 때문이다. 은행을 찾아가도, 여권과 비자를 만들려고 해도 개인보다는 회사원 신분을 원했다.

　그간 나는 괜찮은 직장인, 성실한 남편, 믿음직한 아들, 자상한 아빠, 친근한 이웃으로 살아왔다고 자신했다. 그런데 퇴직하는 순간, 일 없는 백수, 불편한 남편, 걱정거리 아들, 귀찮은 아빠, 눈치 없는 이웃이 되어버렸다. 바쁜 과거 속에서 나는 없었고, 일 없는 현실 속에도 나는 없었다. 그럴 바엔 차라리 과거 속으로 다시 기어들어 가는 게 나을 듯했다. 나뿐만 아니라 많은 사람을 그것을 원한다.

"그래도 월급쟁이가 최고지. 특히 당신처럼 어리숙하고 성실한 사람은 월급쟁이가 딱 맞아."

회사를 나오기 몇 년 전, 나는 학부 전공을 살려서 대학원에 진학하려고 했다. 회사에서 좀 더 오래 버티려면 석사학위라도 따두는 것이 유리하다고 생각했기 때문이다. 그런데 생각만 하다가 몇 년이 흘렀고, 그사이 퇴직자가 되어버렸다. 당연히 대학원 진학 꿈도 물 건너갔다. 아니, 나 스스로 차버렸다.

퇴직 후 나는 대학원에서 인재개발 교육 과정을 수강했다. 그리고 곧 전자공학 석사학위 과정을 택하지 않은 것이 천만다행이란 생각을 하게 되었다. 만일 그렇게 했다면 나는 또 싫어하는 수학 때문에 골머리를 싸맨 채 나를 속이며 살았을 것이다. 지난 20년간 나는 전자공학과 출신임을 감사하며 살았다. 하지만 인재개발 교육 과정을 밟으면서 더는 그 분야에 관해서 공부하고 싶지 않다는 것을 확실히 알게 되었다.

사람들은 흔히 자신이 좋아하는 일을 하라고 말한다. 말이야 옳다. 싫은 일을 억지로 하는 것보다 좋아하는 일을 하는 편이 훨씬 더 재미있고 성공 확률 역시 높기 때문이다. 문제는 모든 사람이 그런 이상적인 상황에 놓여 있지는 않다는 것이다. 나처럼 어쩔 수 없이 다른 일을 시작했다가 늦은 나이에 새로운 일에 도전하는 경우도 얼마든지 있다. 더욱이 좋아하는 일이라고 해서 100% 즐겁지도 않다. 또한, 여러 가지 사정으로 인해 좋아하는 일이 싫어지는 상황이 발생할 수도 있다.

좋아하는 일을 하라. 하지만 그것을 언제 만날지는 그 누구도 모른다. 옛 성현들이 왜 젊었을 때 많은 경험을 하라고 했는지, 나는 30년이 지나서야 겨우 깨달았다. 조금 더 일찍 깨달았으면 좋았겠지만, 뒤늦게라도 알아서 천만다행이다. 더욱이 즐겁게 할 수 있는 또 하나의 일까지 찾지 않았는가. 그래서 공자는 '오십이지천명(五十而知天命, 오십에 하늘의 뜻을 알게 된다)'이라고 했나 보다.

09

미래의 나는
어떤 사람인가

한 달에 200만 원, 혹은 300만 원, 400만 원을 벌기 위해서 왼발은 죽도록 고생했다. 문제는 100만 원이다. 지금보다 딱 100만 원만 더 있으면 오른발을 땅에 내려놓을 수 있을 것 같다. 그래서 300만 원이 될 때까지, 400만 원이 될 때까지 한 발로만 버틴다. 그러면 내가 좋아하는 일을 시작할 수 있다. 그런데 그러면 또 욕심이 생긴다. 딱 100만 원만 더. 결국, 그 100만 원 때문에 계속 한 발로만 내달리게 될 뿐이다.

많은 직장인이 이런 생각을 하곤 한다.

"쓸 만큼 돈을 벌면 하고 싶은 일을 해야지."

"적당한 때 퇴직해서 하고 싶은 일을 해야지."

하지만 생각만큼 쉽지 않다. '쓸 만한 돈'의 기준이 매번 달라지기 때문이다. 더욱이 퇴직이라도 하면 이만저만 큰일이 아니다. 수입이 제로

가 되기 때문이다. 모아 놓은 돈이 있다고 해도 그걸로 남은 삶을 유지할 수 있을지 걱정부터 앞선다. 그러니 하고 싶은 일은커녕 당장 밥걱정부터 해야 할 판이다.

한 가지 일을 오랫 동안
하게 하는 힘

나는 나이 오십이 넘어서 '좋아하는 일을 하는 것'이 어떤 의미인지 겨우 깨달았다. 아울러 사람은 두 발로 걸어야 한다는 사실 또한 깨달았다. 한 발은 '밥'을 위해, 다른 한 발은 '좋아하는 것'을 위해 움직여야 한다는 것을. 왼발이 밥이라면 오른발은 꿈과 희망, 좋아하는 것이다. 한 발로는 오래 뛸 수 없다. 아니, 오랫동안 서 있을 수도 없다. 마찬가지로 밥이나 꿈만으로도 오래 뛰거나 버틸 수는 없다. 두 발이 있어야 한다. 밥을 만드는 왼발과 희망을 만드는 오른발이.

대학 졸업반이었을 때 나는 좋아하는 일보다 밥이 시급했다. 그래서 당장 넘어지지 않기 위해 한 발로 뛰기 시작했다. 한 발로 뛰는 것이 얼마나 어렵고 힘든지는 20년이 지난 뒤에야 비로소 알게 되었다. 그동안 내 왼발은 죽어라 뛰느라, 오른발은 그저 매달려 있느라 갖은 고생을 다 했다.

윌슨 대통령 홍보담당 비서관, 루스벨트 대통령 고문관 등을 역임한 성공학 대가 나폴레옹 힐은 이렇게 말한 바 있다.

"사람의 인내력은 자기 일을 얼마나 좋아하느냐에 따라 결정된다."

자기 일을 좋아하는 사람과 어쩔 수 없이 일하는 사람은 분명 다르다. 자기 일을 좋아하는 사람은 급여보다 많은 일을 해도 전혀 불편해하지 않는다. 당연히 누구를 원망하는 일도 없다. 이것이 한 가지 일을 오랫동안 하게 하는 힘이 된다. 오랫동안 일하는데도 전혀 질리지 않고 즐겁다면 이보다 더 좋은 성공 열쇠는 없다.

행복하지 않은
2등에게 필요한 것

나는 누구인가. 불가능한 나인가, 가능한 나인가. 어렵고 불행하다고 느끼는 2등인가, 1등보다 행복하다고 느끼는 2등인가. 과거 사람들에게 기억되는 것처럼 평범한 사람으로 살아가는 내가 맞는가, 미래 사람들에게 비치는 것처럼 비전과 목표가 있어 원하는 것을 이루어가는 내가 맞는가.

나를 잘 아는 과거 사람들은 나를 믿지 못한다. 그에 반해, 나를 잘 모르는 현재와 미래 사람들은 나를 의심하지 않고, 진심으로 "당신도 할 수 있다"라고 한다. 그렇다면 나는 어떤 나를 선택해야 할까. 어떤 선택이 올바르며, 어느 쪽이 진정한 내 모습일까.

사실 미래의 나를 선택하기란 쉽지 않다. 수많은 고난과 역경을 참고 견뎌야 하기 때문이다. 경제적 불안정은 물론 배우자의 반대와 지인들의 질시 역시 감내해야 한다.

'2등도 좋아하는 일을 하라'는 말에 심정적으로는 동감한다. 몰입할 수 있는 일을 찾고 싶기 때문이다. 하지만 당장 그러기에는 차마 용기가 나지 않는다. 머리로는 동감해도, 입은 미처 따라갈 수 없는 절실한 이유를 대고 싶어 하기 때문이다. 먹고 살아야 한다는 현실적인 이유가 가장 크다. 결국, 이를 해결해줄 대안은 자기 강점을 찾는 것이다. 자기 강점은 왼발과 오른발을 함께 움직이게 해준다. 그런 점에서 나처럼 행복하지 않은 2등이 있다면, 그 역시 자기 강점이 절실히 필요하다고 할 수 있다.

10년 후 자기 모습이 모호한 사람은 진지하게 10년 후의 청사

진을 그려야 한다. 삶은 집을 짓는 것과 같아서 청사진이 확정

되어야만 비로소 주춧돌을 놓을 수 있다.

___ 박태준, 〈포스코POSCO〉 명예회장

PART 2

어떤 위기에도 흔들리지 않는 미래 준비하기

급격한 패러다임 변화를 뛰어넘는 커리어 전략

지금 행복하다는 것은 현재 하는 일을 좋아한다는 것이다. 그런데 과연 그 일을 언제까지 할 수 있을까. 세상에 변하지 않는 것은 없다. 마찬가지로 현재의 좋은 상황과 조건이 계속 유지되리란 보장 역시 어디에도 없다. 따라서 지금 하는 일을 통해 자기 강점을 만들어야 한다.

자기 강점에 열중하는 사람들은 전문성을 갖추지 않으면 직장에서 살아남기 어렵다는 사실을 누구보다 잘 알고 있다. 단순히 월급을 좇기에는 변수가 많음을 깨닫고, 일 자체를 자기 것으로 만들어 긴 세월을 함께 해야 한다는 것을 일찌감치 터득한 것이다. 그 결과, 그들은 자신의 업무를 활용하건, 남는 시간을 활용하건 자신만의 무기 하나쯤은 꾸준히 만들어간다. 하지만 "아, 그 사람!" 하고 단번에 알아차릴 수 있는 이름 하나를 얻는다는 것은 절대 쉬운 일이 아니다. 수많은 노력과 특별한 전략이 있어야만 가능하다.

___ '원하는 성과를 얻는 법'에서

01

즐겁게 일하면서
높은 성과를 얻는 법

어떤 조직이건 생존을 위해서는 좋은 실적과 높은 성과가 필요하다. 그러므로 조직이 조직원들에게 높은 성과를 요구하는 것은 지극히 당연한 일이다. 조직원이 업무를 좋아하건 말건 상관없다. 오로지 최고의 성과를 내는 것이 중요할 뿐이다.

한 취업 포털사이트에서 '고속 승진하는 직장인의 공통점'이라는 주제로 설문조사를 했다. 그 결과, 회사에서 인정받는 고속 승진 직장인의 비결 1위는 '주어진 업무를 끝까지 확실히 하는 것'이었다.

좋아하는 일을 즐겁게 하고 싶은 것이 모든 직장인의 솔직한 마음이다. 하지만 즐거운 일보다는 즐겁지 않은 일이 훨씬 많은 것이 현실이다. 좋아하는 일을 즐겁게 하면서 높은 성과까지 얻는 것만큼 이상적인 일은 없다. 문제는 즐겁지 않은 일을 억지로 하면서 높은 성과를 내야 한다는 데 있다.

다음은 '즐겁게 일하기'와 '일의 성과' 관계를 네 가지 영역으로 나눈 것이다. 대부분 직장인은 이 중 하나에 반드시 속한다.

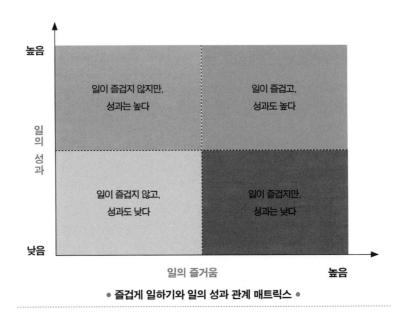

● 즐겁게 일하기와 일의 성과 관계 매트릭스 ●

영역별 특징을 조금 더 구체적으로 살펴보면 다음과 같다.

● 일이 즐겁지 않지만, 성과는 높다

대부분 직장인이 여기에 속한다. 일이 즐겁지 않은데 성과까지 나지 않는다면 솔직히 죽을 맛이다. 억지로라도 실적 및 성과를 내야 살아남을 수 있기 때문이다. 그렇다면 여기에 속하는 사람에게 조직이 해줄 수 있는 일은 뭘까. 관심 분야나 적성에 따른 사내 부서 전배(전환배치) 및 관계사 전배 등을 고려할 수 있다. 열심히 노력하는 사람이 즐겁게 일할 수 있는 업무를 갖게 된다면 직원 개인이나 조직에 그보다 더 유익한 일은 없기 때문이다. 하지만 조직 전체를 운영하는 측면에서 보면, 구성원 모두를 각자 바람대로 배치하기란 현실적으로 불가능하다.

● 일이 즐겁고, 성과도 높다

원하는 일을 하면서 높은 성과를 내니, 직장인으로서는 더할 나위 없다. 문제는 누구나 여기에 속하고 싶지만, 마음만으로는 그렇게 되지 않는다는 것이다. 여기에 속하는 사람들은 조직의 리더가 될 가능성이 높은 사람들로, 자기 강점을 가질 확률 역시 높다. 따라서 이 영역에 들기 위해서는 자기 강점을 향한 확실한 전략과 전술이 필요하다.

● 일이 즐겁지 않고, 성과도 낮다

일에 관한 열정도, 흥미도 없어서 정을 붙이지 못하는 경우다. 일을 재미로 하는 것은 아니지만, 실적이 나오지 않는다는 것은 위기 상황임이 분명하다. 어쩌면 다른 일을 찾아야 할지도 모른다. 조직 역시 여기에 속하는 사람들에게 해줄 수 있는 일이 거의 없다. 다른 곳으로 전직시키거나 명예퇴직시키는 것이 최선이다. 회사에 이익이 되지도 않을뿐더러 조직 전체 측면에서 볼 때도 그런 사람들을 계속 보호하기란 현실적으로 어렵기 때문이다.

● 일이 즐겁지만, 성과는 낮다

신입사원 및 업무에 미숙한 전입 사원들이 여기에 속한다. 당장은 뚜렷한 성과를 내지 못하지만, 일 자체는 즐기기 때문이다. 일이 조직에 가져다줘야 하는 수익성에 대한 판단이 느리거나 이해도가 낮은 사람들 역시 여기에 속한다. 다만, 성과에 대한 스트레스가 지나칠 경우 일 자체에 회의를 느낄 수도 있다. 이 경우 조직에서도 전략적으로 지원해줄 수 있는 것이 많다. 이미 많은 기업에서 활용하는 코칭 및 멘토링, 직업교육(OJT, On-the-Job-Training) 등이 바로 그것이다. 성과를 내는 방법만 정확히 알려주면 이른 시일 내에 성과를 내는 것 역시 가능하다. 그만큼 누구보다 빠르게 '일이 즐겁고, 성과도 높은' 영역으로 이동할 수 있다.

영역별로 취할 수 있는 효과적인 조치를 정리하면 다음과 같다.

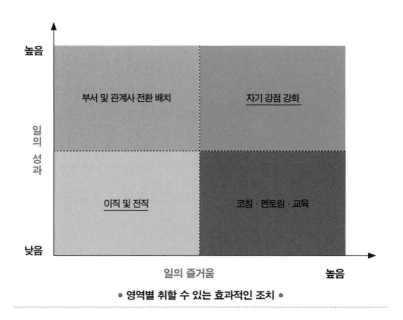

● 영역별 취할 수 있는 효과적인 조치 ●

담당 업무에서
자기 강점 찾기

이제 조직이 아닌 개인 입장에서 성과를 생각해보자. 크게 두 가지로 나눌 수 있다. 업무를 통해 조직에 기여하고 급여를 받는 '외적 성과'와 조직에 기여할 뿐만 아니라 개인의 발전 및 성장까지 이루어지는 '내적 성과'가 바로 그것이다. 처음에야 외적 성과에 치중하는 것이 당연한 것처럼 보이지만, 외적 성과만으로는 뭔가 부족하다. 열심히 일해서 높은 연봉과 보너스를 받는 것도 중요하지만, 그래서는 미래가 불투명하기 때문이다.

대부분 직장인은 취업 후 매달 통장으로 들어오는 급여로 연애도 하고, 결혼도 하며, 집도 얻고, 아이도 키우면서 자신의 꿈이 영글어가는 줄로 철석같이 믿는다. 자기 삶의 수준이 보통 이상은 되지 않을까, 하는 자부심도 느낀다. 그래서 다른 생각을 하기보다는 그저 직장에서 하루하루 최선을 다하며 시간을 보낸다. 그러나 이는 착각에 불과하다.

알다시피, 개인이 조직에 기여하는 성과를 평가하는 도구는 이미 잘 만들어져 있다. 상사의 업무평가를 기본으로 반기마다 시행하는 업무고과가 그 대표적인 예다. 고과 결과에 따라 인센티브가 결정되고, 다음 해 연봉이 결정된다. 특히 고과는 승진과도 직결되기 때문에 한 번의 평가가 퇴직 때까지 매우 큰 영향을 미친다.

이러한 외적 성과는 즉각 돈으로 돌아온다. 재직하는 동안 급여를 많이 받았다는 것은 그만큼 성과가 높고, 조직에 많은 기여를 했다는 방증이다. 하지만 단순히 연봉이 높다고 해서 개인의 발전과 성장을 이루어내는 내적 성과까지 높다고 할 수는 없다.

흔히 연봉과 내적 성과를 혼동하곤 하는데 전혀 다른 개념이다. 예컨대, 재직하는 동안에야 높은 연봉으로 충분한 역량이 있다고 생각하지만, 퇴직 후 바로 백수가 되거나 아무 일도 찾지 못한다면 직장에서 거둔 성과는 아무짝에도 쓸모가 없다. 그 역량과 경력이 유지되어야만 비로소 내적 성과가 높다고 할 수 있기 때문이다. 그것이 곧 자기 강점이다. 하지만 이를 제대로 인식하고 있는 직장인은 거의 없다. 따라서 처음부터 외적 성과와 내적 성과 모두를 거둘 수 있는 전략을 취해야 한다. 단일 구조가 아닌 이중 구조를 세우는 것이다.

입사 선서 시 우리는 열심히 일하겠다고 다짐한다. 하지만 여기에 덧붙여 10년 이내에 담당 업무를 활용하여 확실한 자기 강점을 만들겠다는 다짐과 실행 역시 있어야 한다. 그래야만 비로소 이중 구조 성과 프로세스를 따를 수 있기 때문이다. 지금도 늦지 않았다. 이제부터라도 외적 성과와 내적 성과 모두를 거둘 수 있는 이중 구조를 세워라. 하나는 조직을 위해 실적을 내는 것이며, 다른 하나는 미래를 위해 자기 강점을 만드는 것이다. 그 성과를 연봉으로 돌려받는 것은 물론이요, 훗날 직장을 잃더라도 새로운 일을 찾을 수 있다.

가장 좋은 것은 자신의 담당 업무에서 자기 강점을 찾는 것이다. 조직의 성과에 개인의 성과까지 매치가 된다면 이보다 더 효과적인 경우는 없다.

02

욕망이 클수록
더 큰 성취를 이룰 수 있다

흔히 취업만 하면 행복한 인생이 아주 오랫동안 지속할 것이라고 상상하곤 한다. 하지만 그 순간은 아주 짧다. 만족스러움보다는 불안이나 불만이 조금 해소된 것에 불과하다는 것을 곧 느끼기 때문이다. 취업은 직장인 인생의 시작이라는 신호에 불과하다.

시간이 흐르고, 치열한 경쟁 끝에 대리, 과장, 부장 순으로 승진한다. 경쟁자를 물리치고 먼저 승진하면 직장생활이 행복하고, 높은 만족감이 오랫동안 유지될 줄 착각한다. 하지만 얼마 지나지 않아 기실 승진하지 못한 것에 대한 불만족이 해소된 것에 지나지 않음을 스스로 깨닫게 된다. 대리가 되어 만족스러웠다면 과장으로 승진하지 못해도 계속 만족스러워야 하는데, 실상은 그렇지 못하기 때문이다. 동료들이 모두 과장이 되었는데, 혼자만 승진에서 떨어진 경험이 있다면, 승진은 만족 요인이 아닌 불만 해소 요인임을 충분히 이해할 것이다.

경력이 올라갈수록 연봉은 점점 늘어난다. 현재 대부분 기업이 연봉제를 채택하고 있지만, 특별한 소수 인력을 제외하면 대부분 직원이 직급이나 근무 연차에 따라 비슷한 연봉을 받는 것이 현실이다. 물론 조직 생산성이나 실적을 높이기 위해 연봉에 차등을 두거나 인센티브제를 활용하기도 한다. 금전적 보상으로 동기부여 하기 위해서다. 그렇다면 연봉은 만족 요인일까, 불만족 해소 요인일까.

높은 연봉을 마다할 직장인은 없다. 그런데 연봉이 만족 요인이라면 과장이 되어서도 대리급 연봉을 받는 것에 불만을 가져선 안 된다. 하지만 그런 조건에 만족하는 사람은 없다. 그렇다면 연봉 역시 불만족 해소 요인일 뿐 만족 요인은 아닌 셈이다. 그러니 연봉 일이백만 원 때문에 쉽게 직장을 옮기는 것이다.

너나 할 것 없이 불만 요인 해소를 위해 열심히 일한다. 결핍으로부터 빨리 탈출하고 싶은 욕구 때문이다. 더 좋은 직장에 빨리 입사하기를 원하는 것도, 동료들보다 빨리 승진하기를 원하는 것도, 조금이라도 더 많은 상여금을 받기 위해 열심히 일하는 것도 같은 이유 때문이다.

불만족의 특징은 그것이 해소되면 곧 잊힌다는 것이다. 연봉 4,500만 원을 받는 과장이 되면 그보다 1만 원이라도 적은 연봉에는 눈길도 주지 않는다. 수년 전 대리로 승진해 연봉이 3,500만 원이었을 때는 그토록 좋아했는데도 말이다. 그러니 부장으로 승진해서 연봉 6,000만 원을 받게 되면 현재의 4,500만 원의 행복 역시 사라지고 만다.

불만족 해소의 트랙에서는 만족을 찾을 수 없다. 단지 불만족이 잠시 사라질 뿐 지속적인 만족감을 얻는 것이 아니기 때문이다.

이 과장은 얼마 전 전직을 시도했다. 다행히 한 기업과 이야기가 잘되어 전직 성공을 눈앞에 두고 있었다. 하지만 최종 결정 단계에서 포기하고 말았다. 연봉 때문이었다. 이 과장이 희망했던 연봉은 4,300만 원이었던 반면, 그를 채용하기로 했던 기업은 4,100만 원을 제시했다. 현재 그가 받는 연봉이 3,800만 원임을 고려하면 4,100만 원도 그리 나쁜 수준은 아니었지만, 4,300만 원을 원하던 이 과장은 끝까지 거부했다. 결국, 200만 원 차이 때문에 2개월간 진행되었던 전직은 실패로 끝나고 말았다. 사실 이 과장은 연봉보다는 업무가 훨씬 중요하다고 했다. 그런데도 약간의 연봉 차이 때문에 전직을 포기한 것이다.

이렇듯 대부분 직장인의 시선은 연봉과 승진에 고정되어 있다. 그러다 보니 무조건 연봉이 높고, 승진 조건이 더 좋은 기업을 선호한다. 그 결과, 직장을 그만둘 때까지 연봉과 승진이라는 트랙에서 쉽게 빠져나오지 못한다. 하지만 언젠가는 불만족 해소 트랙에서 나와 다른 트랙으로 갈아타야 한다. 다른 트랙이란 지속적인 만족감을 느끼게 하는 트랙을 말한다. 즉, 만족 요인이나 성장 요인 트랙이다.

생각을 바꾸고, 다른 시각에서 직장생활을 대할 줄 알아야 한다. 그래야만 트랙을 바꿔 탈 수 있다. 그러자면 직장을 자신을 연마하는 곳으로 활용하 줄 알아야 한다. 즉, 자기 강점을 만들어가는 곳으로 삼는 것이다.

간혹 자신이 하는 일이 하찮아 보일 때가 있다. 그 일에 몰입하기에는 왠지 손해다 싶은 생각이 들기도 한다. 그래도 일단 그 일에 집중하는 것이 연봉에 집중하는 것보다 낫다. 일은 만족을 높여주는 요인이기 때문이다.

불만족 해소 트랙에서 만족 충족 트랙으로 갈아타야 한다. 성취감을 느낄 수 있는 트랙으로 갈아타야 하는 것이다. 트랙에서 달려야 할 시간은 이미 정해져 있다. 어느 트랙을 달리건 시간은 흐른다. 만족 충족 트랙에서는 연봉과 승진이 자동으로 따라온다. 자기 강점을 만들어가는 전문가 트랙이기 때문이다.

더 큰 성취의
비결

우리는 언제 시간의 흐름이 가장 빠르다고 느낄까. 좋은 사람과 함께하는 즐거운 시간은 쏜살같이 흐른다. 오랜 시간이 흘렀는데도 잠깐의 시간이 흐른 것만 같다. 그만큼 그 시간을 행복하게 보냈다는 방증이다.

직장에서도 그런 시간을 만들 수 있다. 일에 정신없이 집중한 나머지 점심시간이나 퇴근 시간을 훌쩍 넘긴 경험이 한두 번쯤 있을 것이다. 그럴 때 일을 많이 해서 짜증이 났는가? 생각건대, 자신을 대견스러워하며 뿌듯함을 느꼈을 것이다. 뭔가를 해낸 것만 같은 뿌듯함에 퇴근 시간을 넘겼음에도 발걸음이 가벼웠을 것이다.

바로 여기에 답이 있다. 흔히 천국에는 시간이 없다고 한다. 시간을 느끼지 못할 만큼 행복한 곳이기 때문이다. 사랑하는 사람과 보내는 한 시간과 어쩔 수 없이 해야 하는 일과 보내는 한 시간은 확연히 차이가 난다. 정말 싫은 일을 월급 때문에 어쩔 수 없이 하는 것과 싫은 일이라도 자기 강점으로 만들어가며 성취감을 느끼며 하는 것 역시 마찬가지다. 동기 심리학자들에 의하면, 30점을 받는 직장인이 90점을 받는 직장인보다 더 큰 동기 욕구가 있다고 한다. 만족스러운 삶과 현재 삶의 차이가 크기 때문에 삶에 대한 욕구 및 동기가 그만큼 크다는 것이 그 이유다.

현실이 만족스럽지 않다면 빨리 트랙을 바꿔야 한다. 욕망이 큰 만큼 더 큰 만족을 얻을 수 있다. 이는 현실에 안주하지 않는 사람일수록 더 큰 성취를 이룰 수 있다는 말이기도 하다.

03

조금 더 새롭고,
조금 더 다른 나 찾기

신대륙을 발견한 콜럼버스는 자기를 시기하는 사람들을 앞에서 달걀을 하나 집어 들고 이렇게 말한 바 있다.

"누구라도 좋으니 이것을 세워보겠소?"

사람들은 앞다퉈 달걀을 세워보려고 했지만, 결국 아무도 성공하지 못했다. 그러자 콜럼버스는 달걀 끝을 조금 깬 다음 탁자 위에 올려놓았다. 그 모습 본 사람들은 일제히 그를 비웃으며 이렇게 말했다.

"그런 것이라면 나도 하겠소."

그러자 콜럼버스는 이렇게 말했다.

"그렇습니다. 이런 건 누구라도 할 수 있습니다. 하지만 아무도 시도하지 않았습니다. 신대륙 발견 역시 마찬가지입니다. 최초로 생각해냈다는 사실이 중요합니다. 다른 사람이 해낸 후에 그것이 단순하다고 비판하는 것은 아이들도 할 수 있습니다."

비범한
평범함의 힘

　　　　　　　직장인으로 오래 살았다는 것은 그만큼 평범함의
틀에서 크게 벗어나지 않았다는 것을 말한다. 절대 순탄치 않은 직장생
활에서 10년, 20년, 30년을 버틸 수 있었던 것은 모나지 않은 삶의 결과
인 것이다. 그래서 직장인의 평범함이란 어쩌면 더 어려운 일일 수도 있
다. 그런 평범함을 지키기 위해서 수많은 직장인이 비범한 날을 보내고
있다.

　조직은 경쟁이 기본이다. 경쟁 없는 조직은 발전할 수 없다. 입사 시
점, 아니 그 전부터 경쟁은 이미 우리 일상의 일부분이었다. 대학 입시
경쟁, 취업 경쟁, 승진 경쟁, 인사 고과 경쟁, 명예퇴직을 당하지 않기 위
한 보이지 않는 경쟁까지….

　이렇듯 비범한 경쟁의 시련을 겪어야만 평범함을 유지할 수 있다. 그
때문에 실상 평범함이란 평범하지 않은 것임을 대부분 직장인은 이미
알고 있다.

　열정으로 가득한 신입사원의 눈에는 넓은 책상에 앉아 도장만 찍는
부장의 모습이 평범하다 못해 고루하게 보일 수도 있다. 하지만 그가 그
자리에 앉기까지는 수많은 경쟁자를 물리쳐야 했다. 언제, 어떤 이유로
사라질지는 몰라도 적어도 그 시점에서 그는 승리자요, 비범한 직장인
인 셈이다.

　비범한 평범함을 유지하기 위해 필요한 것이 하나 더 있다. 바로 '창

의성'이다. 모든 조직은 창의적인 사람을 필요로 한다. 창의적인 사람에게서 더 뛰어난 아이디어와 높은 실적이 나오기 때문이다. 결국, 이러한 창의성이야말로 조직에 더 오래 남게 하는 힘이다.

문제는 대부분 사람이 창의성을 어렵게 생각한다는 것이다. 빌 게이츠나 스티브 잡스처럼 뛰어난 인물들만이 타고나는 특별한 재능이라고 생각하기 때문이다. 하지만 그것은 사실이 아니다.《생각의 탄생》저자인 로버트 루트번스타인은 창의력이나 상상력은 누구나 배울 수 있는 것이라고 주장한다.

"창의력과 직관력은 부분적으로 타고난 재능이긴 하지만, 누구나 노력하면 어느 정도까지는 그런 재능을 계발할 수 있다. 학교에서 악기 연주나 그림 그리기를 배웠던 경험을 떠올려보라. 천재들 대부분도 사실 노력파였다. 모차르트나 아인슈타인도 잠을 줄여가며 일했고, 시련을 스스로 이겨냈다. 창의력을 기르는 가장 좋은 방법은 천재들이 간 길, 그들이 활용한 도구를 습득하고 연마하는 것이다. 똑같은 노래라도 뛰어난 가수에게 배우는 것이 훨씬 효율적인 것처럼."

"모방은 창조의 어머니"라는 말이 있다. 특히 요즘은 다양한 정보를 쉽게 접할 수 있는 만큼 창의성을 기르고 발현하는데 훨씬 유리하다. 그렇다면 40~50대 역시 창의력을 계발할 수 있을까?

이에 대해 루트번스타인은 이렇게 말했다.

"세상에는 50대에 첫 책을 내고, 60대가 되어서 위대한 발견을 한 사람들이 적지 않다. 그러니 삶 속에서 알게 모르게 쌓인 지혜와 직관을 창조적 생각 도구를 통해 갈고 닦으면 70대에도 충분히 창의적인 삶을 살 수 있다."

창의성을 너무 어렵게 생각할 필요는 없다. 일단, 시작하는 것이 중요하다.

내일도 행복해지는
비결

직장인은 과연 누구를 위해서 살까. 자신을 위해서 산다고 생각하지만, 과연 그럴까. 대부분 직장인은 아마 가족을 위해서 살고 있을 것이다. 어쩌면 왜 사는지조차 생각할 겨를 없이 살고 있을 수도 있다.

그렇다면 직장인이기 이전에 한 명의 인간으로서 가장 소중한 것은 뭘까. 가족도 중요하고, 건강도 중요하며, 사랑도 중요하고, 돈도 중요하다. 하지만 이 모든 것을 넘어서는 것이 있다. 바로 자기 자신이다.

자기 자신이 세상에서 가장 소중한 존재임을 부정하는 사람은 아마 없을 것이다. 그런 면에서 볼 때 창의성은 나를 찾는 좋은 방법의 하나다. 스스로 삶의 주인공이 되는 것을 익히는 과정이기 때문이다. 이를 다른 말로 '자유'라고도 한다. 법정 스님은 자유를 가리켜 '자기가 이유 있게 사는 것(自由)'이라고도 했다.

창의성을 다른 말로 바꾸면 '변화'라고 할 수 있다. 이는 크게 두 가지로 나눌 수 있는데, '조금 새로운 것'과 '조금 다른 것'이 바로 그것이다. 아주 작은 부분만 새롭게 바꿔도, 기존의 것과 조금만 달라져도 창의적으로 변화할 수 있다. 지금의 나보다 조금 새로워진 나로 변하는 것, 현재의 나에서 미래의 나로 조금씩 새로워지는 것, 오늘의 나에서 내일의 나로 조금씩 달라지는 것이 바로 창의성이다.

지금의 자신이 만족스럽지 않다면 당연히 변화해야 한다. 불만족스러운 상태에 그대로 안주하는 것은 후퇴를 의미하기 때문이다. 그렇다면 현재 내 상태에 만족한다면 변화하지 않아도 되는 것일까. 그렇지 않다. 나를 둘러싼 상황은 끊임없이 변화하기 마련이다. 따라서 나 역시 조금씩 업그레이드해야 한다. 그런 점에서 창의성은 삶의 방향과 만족도를 가르는 기점이 된다.

어제와 같은 곳으로 출근하는 사람은 행복하다. 계속해서 일할 곳이 있기 때문이다. 하지만 내일도 행복해지기 위해서는 조금 새로운 것, 조금 다른 것을 찾아내야 한다. 아주 작은 것이어도 상관없다.

04

비전에 속지 말라

이야기 하나. 정 모 씨는 스물일곱에 대기업에 입사해 16년간 근무 후 마흔세 살 되던 해 명예퇴직 했다. 그동안 결혼도 하고, 집도 장만했으며, 남부럽지 않은 연봉에 나름대로 여유 있는 생활을 해왔지만, 직장에서 더는 비전을 찾을 수 없다는 결론을 내렸다. 그래서 한 살이라도 젊었을 때 자기 사업을 해보고 싶은 마음에 과감히 회사를 나왔다.

3개월 후 그는 퇴직금을 털어 유명 프랜차이즈 제과점을 열었다. 1년 동안은 정말 열심히 일했다. 직장인이 아닌 사업가로서 긍지를 느끼고 책임감에 들떴던 시간이었다. 직장에 다닐 때는 아침에 벽을 할퀴며 간신히 일어났지만, 창업 후에는 날이 밝기도 전에 자연스레 눈이 떠졌다. 하지만 열심히 일한 대가 대부분이 본사로 빨려 들어가자 점점 참기가 어려웠다. 결국, 가맹점 계약 기간을 다 채우지도 못하고 3년 만에 문을 닫았다.

그 후 공인중개사 자격증 취득에 도전했다. 고3 수험생처럼 학원과 집 외에는 두문불출한 채 자격증 따는 데만 몰두한 결과, 6개월 만에 공인 중개사 자격증을 취득했다. 이제 고생이 끝났겠지 싶었다. 하지만 웬걸, 공인중개사 사무실을 열자마자 부동산 경기가 침체하기 시작했고, 2년 만에 폐업신고를 했다.

제과점과 공인중개사 사무실을 거치는 동안 퇴직금은 한 푼도 남아나지 않았다. 그래서 이번에는 중학생을 대상으로 수학 개인 교습을 시작했다. 큰돈이 들지 않는 데다 아파트 단지 내에서 혼자 할 수 있는 일이었기에 수입은 많지 않아도 마음만은 편했다. 하지만 이 역시 2년을 넘기지 못했다. 생각보다 경쟁이 심했기 때문이다. 결국, 집을 담보로 은행에서 돈을 빌려 파생상품 매매를 하는 주식에 투자했지만, 큰 손해만 보고 말았다.

그렇게 그의 퇴직 후 10년이 폭풍처럼 지나갔고, 마흔셋 나이는 어느새 쉰셋이 되었다. 까맣던 머리카락 역시 반백으로 변했고, 안경 없이도 잘 보이던 눈은 다초점 렌즈를 장착한 안경을 써도 예전 같지 않다. 10년 만에 다시 취업 시장을 기웃거려보지만 그다지 가능성이 보이지는 않는다. 이렇게 또 10년이 지나면 예순셋이 된다. 아직 육체적·정신적으로 무엇이든 할 수 있을 것 같은데, 마음과는 달리 딱히 할 일이 없다. 그래도 희망을 버릴 수는 없다. 앞으로 10년이 마지막 기회이기 때문이다. 앞일을 생각하면 막막하지만, 분명 길이 있으리라고 막연하게나마 기대해본다.

이야기 둘. 내년이면 쉰 살이 되는 강 모 씨는 견실한 중견기업에서 10년간 전문직으로 일했다. 하지만 회사가 너무 정체되어 있어 더는 성장이 어려울 것 같다는 생각에 규모는 작아도 성장 가능성이 보이는 회사로 얼마 전 이직했다. 하지만 1년을 버티지 못하고 그만두었다. 조직과 업무 체계가 완벽히 잡혀 있지 않아 도저히 버틸 수 없었기 때문이다. 그제야 좀 더 치밀하게 준비하고 옮길 걸 하는 후회를 했지만, 돌이킬 수 없었다.

6개월을 쉰 후 두 번째 회사보다 더 작은 기업에 가까스로 취직했지만, 그곳 역시 조직 구성이나 회사 시스템이 열악하기는 마찬가지였다. 그렇다고 또 그만둘 수는 없었다. 2년을 가까스로 버텼지만, 더는 무리였다. 결국, 회사를 나왔고, 다시 3개월을 쉬었다. 그러다가 잘 알고 지내던 선배 지인의 추천으로 국내 법인 중국 공장에 다시 취직하게 되었다. 적지 않은 나이에 해외 근무였던 터라 무리인 줄은 알았지만, 찬밥 더운밥 가릴 처지가 아니었기에 묵묵히 참고 4년 동안 그곳에서 일했다. 그 이상은 무리였다. 경쟁 기업의 등장과 경영 환경의 변화로 인해 매출이 급감했기 때문이다. 다시 이런저런 수소문 끝에 지인의 소개로 채 10명도 되지 않는 조그마한 기업에서 임원으로 일하게 되었지만, 그것도 겨우 2년이었다. 회사가 부도났기 때문이다.

현재 그는 특별히 하는 일 없이 지내고 있다. 이제 더는 어디 비비고 들어갈 데도 없다. 최소 20년은 더 일해야 하는데 막막하기 그지없다. 그래도 나름대로 최선을 다하며 열심히 살아왔는데, 결과가 이렇게 될 줄은 상상도 하지 못했다. 도대체 어디서부터, 무엇이 잘못된 것인지 그는 매일 스스로 묻는다.

회사의 비전이 아닌
자신의 비전을 세워라

지금 우리 사회에는 생각보다 많은 정 씨와 강 씨가 있다. 비전을 찾아 스스로 직장을 박차고 나왔지만, 뜻대로 일이 풀리지 않아 힘들어하는 사람들이 그만큼 많은 것이다. 그렇다면 그들의 그 만만한 자신감은 도대체 어디서 나온 것일까. 이 정도면 나도 나가서 충분히 잘될 수 있으리라는 판단 근거는 어디에서 나온 것일까. 검증된 아이템이 있는 것도 아니고, 특별한 자기 강점이 있는 것도 아닌데, 그들은 왜 그런 무모한 일을 벌인 것일까. 자신 있게 자발적으로 그만둔 사람도 그럴진대, 하물며 아무런 준비 없이 어느 날 갑자기 밀려난 사람은 더 말해 뭐하겠는가.

한 온라인 취업 포털사이트에서 직장인을 대상으로 다음과 같은 설문조사를 했다.

"현재 일하는 이유는 무엇입니까?"

그 결과, 응답자의 절반 이상이 '돈을 벌기 위해서'라고 했다. 이와 함께 현재 직업의 만족도에 관해서도 물었는데, '불만족'이라는 응답이 37%로 '만족'이라고 한 24%보다 훨씬 많았다. 또한, 자신의 향후 비전에 대한 전망은 어떻게 생각하는가?라는 질문에는 60% 이상이 '현재 직업으로는 비전이 없다'라고 했다. 그 이유로는 '현재 직장생활에만 급급하기 때문에(48%)', '원하던 직업이 아니기 때문에(30%)', '내 적성을 잘 몰기 때문에(25%)', '꿈이 있어도 어차피 이루기가 어렵기 때문에'(13%) 등을 꼽았다.

직장인의 가장 흔한 고민 중 하나가 바로 비전이다. 그래서인지 많은 직장인이 회사를 그만두는 이유로 '회사에 비전이 없어서', '미래에 대한 비전이 없어서'를 꼽는다. 조직이 비전을 만들어주기를 바라는 것이다. 하지만 여기에는 큰 문제가 있다. 조직의 비전과 개인의 비전이 항상 일치하지도 않을뿐더러 어떤 조직도 조직의 비전에 맞춰 개인의 비전을 세워주지 않기 때문이다.

개인의 비전은 각자의 몫이다. 조직의 비전에 개인의 비전을 맞추든지, 개인의 비전에 조직의 비전을 녹이든지 스스로 결정해야 한다. 그런 점에서 볼 때 비전이 없다는 이유로 회사를 옮기는 사람들의 말은 일견 수긍하기 어렵다. 혹시 연봉을 조금 더 준다는 말에 마음이 흔들린 것은 아닌지, 시도 때도 없이 간섭하고 짜증을 내는 상사를 피하기 위해서는 아닌지, 업무 실적이 형편없이 낮아 고과와 승진에 문제가 생길까 봐 미리 회피하는 것은 아닌지 냉정히 생각해볼 필요가 있다.

"우리 회사는 비전이 있어."

이 말 역시 곧이곧대로 믿어선 안 된다.

"우리 회사는 비전이 없어."

이 말 역시 마찬가지다. 회사의 비전을 믿지 말라는 얘기가 아니다. 회사의 비전 말고 자신의 비전을 생각해보라는 것이다. 자신의 비전이 없다면 회사의 비전이 아무리 좋아도 의미가 없기 때문이다. 회사의 비전이 현재의 삶을 책임이야 져주겠지만, 퇴직 후의 삶까지 책임져주지는 않는다. 따라서 미래를 생각한다면 회사의 비전이 아닌 자신만의 비전을 세워야 한다. 그렇다고 해서 자신의 비전을 너무 과신해선 안 된다. 또 다른 난관에 부딪혀 앞서 말한 강 씨와 정 씨와 같은 상황에 놓일 수 있기 때문이다.

비전에 속지 말라. 회사에 비전이 없다고 판단해서 쉽게 회사를 옮기거나, 회사에 비전이 있다고 해서 회사생활에만 올인해선 절대 안 된다. 비전을 이루는 건 결국 자신의 실력과 역량임을 명심해야 한다.

05

왜 일해야 하는지를 생각하라

일본 전자 · 반도체 · 세라믹 제조회사인 교세라(Kyocera)를 세계적인 기업으로 키운 '살아있는 경영의 신' 이나모리 가즈오는 일에 대해서 이렇게 말한 바 있다.

"지금 내가 하는 일은 먹고 살기 위해서가 아니라 인격 수양을 하기 위해서다."

"어떻게 해도 방법이 없다면 지금 하는 일에 정성을 들이고 그 일을 누구보다 사랑해야 한다."

사실 별 볼 일 없던 그가 지금의 성공을 이룬 데는 일에 대한 생각을 바꾸었기 때문이다. 그만큼 그는 '왜 돈을 벌어야 하는지'가 아닌 '왜 일해야 하는지', '일을 통해서 무엇을 얻을 수 있는지'를 끊임없이 생각했던 경영자다.

돈이 아닌

일하는 이유를 좇아라

이야기 하나. 30년 전 철도회사에 신입사원 두 명이 들어왔다. 30년 후 한 사람은 사장이 되었고, 다른 한 사람은 허리가 휘어진 채로 여전히 도랑을 파고 있었다. 누군가 도랑을 파는 사람에게 그 이유를 묻자, 그는 이렇게 말했다.

"사장과 나는 입사 동기라네. 하지만 사장이 된 그 친구는 회사를 위해서 일했고, 나는 때가 되면 나오는 월급을 위해서 일했지. 그게 나와 그 친구의 차이점이었고, 지금 우리가 이토록 다른 처지에 있는 가장 큰 이유라네."

이야기 둘. 김 대리는 똑 부러진 성격의 소유자다. 가끔 지각은 하지만, 퇴근은 칼날처럼 정확하고, 본인의 담당 업무 외에는 손가락도 까딱하지 않는다. 일은 주로 혼자 하는 편이다. 간섭하는 것도, 간섭당하는 것도 싫어하기 때문이다. 실적도 그리 나쁘지 않아 팀에서 중간은 간다. 다만, 직속 상사인 과장에게 늘 비판적으로, 과장의 실적을 위해 직원들을 무리시키지 말라고 기회가 있을 때마다 직언한다.

그에 반해, 박 대리는 모나지 않고 무던한 성격이다. 팀원들이 자신의 도움이 필요하면 언제든지 달려가고, 그 역시 도움이 필요하면 주저하지 않고 요청한다. 그래서 곁에 사람이 끊이질 않는다. 그에게 칼퇴근은 중요하지 않다. 배고픈 사자처럼 늘 새로운 방법을 찾는다. 업무적인 목표도, 개인적인 목표도 확실하다. 실적이 눈에 띌 정도는 아니지만, 꾸준히 좋아지고 있으며, 얼마 전부터는 선배인 김 대리를 앞서기 시작했다.

받는 만큼만
일한다는 것

"주어진 만큼만, 연봉만큼만 일한다."

직장인이라면 누구나 이런 생각을 할 것이다. 더 일한다고 해서 누군가가 알아주는 것도 아니고, 연봉이 두 배로 더 오르는 것도 아니기 때문이다.

내 몸값만큼, 내가 감당할 수 있는 만큼 일하는 건 지극히 당연한 일이다. 그만큼 하지 않는 것은 근무 태만에 의무 소홀이겠지만. 하지만 그런 직원을 좋아할 상사는 어디에도 없다.

받는 만큼 일한다는 건 애당초 발전할 생각이 없다는 것이다. 직원의 발전이 없는데 조직이 성장할 수 있을까. 현상 유지라도 되면 그나마 다행이다. 하지만 경기가 좋지 않아서 그마저도 어렵다면? 자의 건 타의 건 조직에서 가장 먼저 사라질 것이 틀림없다.

더 큰 문제는 따로 있다. 받는 만큼만 일한다면서 다음 해에는 어김없이 또 연봉이 오르기를 기대한다는 것이다. 연봉이 오를 만한 뭔가를 보여줘야만 다시 연봉을 책정할 수 있는 데도 말이다. 본인은 그저 그 수준에 머물러 있으면서 회사 보고 알아서 올려달라고? 어떤 조직도 그렇게 어수룩하진 않다.

"주어진 만큼만, 연봉만큼만 일한다"는 것은 결국 현재를 위한 룰이다. 그런데 사람들은 종종 착각하곤 한다. 마치 그것이 미래를 위한 황금률인 것처럼 말이다. 주어진 만큼만, 연봉만큼만 일해서는 다가올 미래역시 주어진 만큼이고, 연봉만큼의 크기인 줄 모르는 것이다. 또한, 그것은 전략 없는 룰이다. 개인의 발전을 가로막기에 뒤로 가는 것이요, 산에 올라가는 것이 아닌 산에서 내려오는 것이며, 공생하는 것이 아닌 고립되는 것이라고 할 수 있다. 러닝머신을 예로 들어보자. 속도가 올라가면 보폭 역시 빨라져야 한다. 맡겨진 만큼만 일하는 것은 러닝머신의 속도는 빨라지는 데 반해, 보폭은 유지하는 것과도 같다. 당연히 넘어질 수밖에 없다.

나를 둘러싼 환경은 시시각각 변한다. 주변의 동료들 역시 마찬가지다. 그런데도 나는 받는 만큼만 일하겠다면 발전은커녕 혼자만 뒤처지게 된다.

또한, "주어진 만큼만, 연봉만큼만 일한다"는 것은 사람을 수동적으로 만든다. 맡겨진 일만 하면 되니 딱히 노력하지 않아도 되기 때문이다. 그런 사람은 빨리 일을 끝내고 집에 갈 궁리만 하며, 어떤 아이디어를 내려다가도 제 할 일만 늘어나서 귀찮을 것 같다는 이유로 입을 꼭 다물고 만다. 그러니 아주 작은 변화도 수용할 수 없으며, 발전 역시 없다.

문제는 주어진 일은 꼬박꼬박 잘하니 '좀 더 시켜볼까?'라고 할 때 생긴다. '어떻게 하면 일을 더 빨리 효과적으로 할 수 있을지' 고민해본 적이 없기 때문이다. 그 때문에 왜 자신에게 이런 일을 시키는지 짜증을 내고 욕하기 일쑤다. 그런데도 자신은 최선을 다해 공정하게 일한다고 생각하고, 왜 연봉을 팍팍 안 올려주는지 불만부터 제기한다.

"주어진 만큼만, 연봉만큼만 일한다"는 것은 비전 없는 직장인들의 전형적인 모습이다. 그들은 '비전은 회사가 주는 것'이라고 착각한다. 그렇게 까다로운 절차를 통해 직원으로 뽑았으면 회사가 모든 책임을 져야 한다고 생각하기 때문이다.

문제는 그렇게 직장생활을 하다가는 회사에서 밀려난 후 할 일을 찾기가 어렵다는 것이다. 그동안 산에서 내려오기만 하고, 충전에 신경 쓰기보다는 방전만 한 탓이다. 황금률이라고 믿었던 것이 결국 쪽박율인 셈이다.

직장인은 프로 스포츠 선수와도 같다. 규칙에 따라 페어플레이를 하는 것도 중요하지만, 감독의 지시에 따르고, 팀 동료와 호흡을 맞추며, 팬 서비스를 하는 것도 매우 중요하다. 따라서 때로는 팀이나 본인의 발전을 위해 포지션을 변경할 필요가 있다. '자기가 해야 할 일'은 분명 중요하지만, '내 할 일만 하는 것'은 경계해야 한다. 골 넣는 슈터라고 해서 무작정 상대 골문 앞에서 기다려서는 안 되는 법이기 때문이다.

06

처음 선택에
신중해야 하는 이유

노란 숲속에 두 갈래 길이 있었습니다.

나는 두 길을 다 가지 못하는 것을 안타깝게 생각하면서

오랫동안 서서 한 길이 굽어 꺾여 내려간 데까지

바라볼 수 있는 데까지 멀리 바라다보았습니다.

… (중략) …

아, 나는 다음 날을 위하여 한 길은 남겨 두었습니다.

길은 길에 연하여 끝없으므로 내가 다시 돌아올 것을 의심하면서.

… (중략) …

오랜 세월이 흐른 훗날에

나는 한숨을 쉬며 이야기할 것입니다.

숲속에 두 갈래 길이 있었다고

나는 사람이 적게 간 길을 택하였다고

그리고 그것 때문에 모든 것이 달라졌다고.

로버트 프로스트의 시 〈가지 않은 길〉의 일부분이다. 첫 직장을 선택하는 과정이 이와 비슷하다. 처음부터 명확하게 알고 길에 들어서는 사람은 거의 없을 것이다. 양쪽으로 갈라지는 길 입구에서 슬쩍 바라보고는 이리저리 견주어보고 최종적으로 어느 한쪽을 선택한다. 어떤 특별한 사명감이나 예견도 없이.

일단 가라, 가다 보면 또 한 번
새로운 길을 만난다

취업이라는 절체절명의 명제 앞에서는 일단 갈 곳을 정하는 것이 우선이다. 자신의 희망이나 의지와는 전혀 상관없더라도 일단 선택하고 봐야 한다. 누구나 다 비슷하다.

세상의 길은 다 그렇다고, 세상에 쉬운 길은 없다고 선배들은 말한다. 입사했으면 최소한 3년은 버티고 평가하라고 말한다. 설령, 가고 싶지 않은 길로 들어섰다고 해도 되돌아가는 것보다는 참고 견디며 한 걸음씩이라도 나아가는 것이 더 유리하다면서.

하지만 많은 사람이 갈팡질팡한다. 한 번 직장인의 길에 들어서면 적어도 40년은 걸을 생각을 해야 하는 데도 말이다. 스물다섯에 걷기 시작했다면 예순다섯까지는 걸어야 비로소 끝이 보인다. 한 가지 일을 10년씩 해도 4번을 해야 하고, 한 직장을 10년씩 다닌다고 하면 4번의 이직 기회가 있는 셈이다. 그런데 사람 마음이란 게 그리 쉽지 않다. 자주 바뀌기도 하고, 시시때때로 이 길이 정말 맞는가, 하는 의심도 하기 때문이다. 앞으로 40년을 걸어야 할 텐데, 이게 과연 맞는 길인가, 후회하지 않을 길인가, 끝까지 잘 갈 수 있을까, 라는 의문이 시시때때로 고개를 드는 것이다. 그 결과, 때때로 이리저리 흔들리게 된다. '이게 아닌데, 이게 아닌데'라면서.

익어가는 빵을 너무 자주 찌르면 빵이 익기도 전에 구멍이 너무 많이 나서 구멍이 숭숭 뚫린 곰보빵이 된다. 2년에 한 번꼴로 구멍을 내면서 맛본들 그 설익은 빵에서 무슨 맛이 날까. 그런데도 자꾸 콕콕 찌르기 일쑤다. 10년에 한 번씩만 찔러도 네 번을 찔러볼 수 있을 만큼 시간이 충분한데도 말이다. 빵도 익으려면 어느 정도 시간이 필요하다. 그러니 어서 빨리 '이게 아닌데' 병에서 벗어나야 한다.

길은 길에서 만난다. 길은 연결되어 있다. 그래서 20~30년쯤 자신이 선택한 길을 가다 보면 결국 모든 사람이 만나는 교차로를 지나게 된다. 문제는 어느 길을 선택했는지가 아니라 그 교차로까지 잘 도착했느냐이다. 그곳을 지나면 정말 자신의 길을 갈 수 있기 때문이다.

그 교차로를 '하프타임'이라고 하자. 그 교차로를 돌면 새로운 길이 나온다. 한 번 더 선택할 기회가 주어지는 것이다. 그 길에서 우리는 다음 날을 위해 한 길은 남겨두었다고 시인이 말했듯이, 인생의 후반전이 인생의 전반전보다 훨씬 행복한 사람들을 다수 만날 수도 있다. 하지만 가지 않은 길이 아름답게 보인다고 해서 2년에 한 번씩 바꾸다 보면 스무 번도 넘게 다른 길을 가야 할지도 모른다. 그러다 보면 스무 번의 후회를 할 수도 있다. 40년 내내 후회만 하는 셈이다.

물론 정말로 길을 잘못 들었다면 빨리 방향 수정을 하는 게 옳다. 그렇기에 처음 선택이 중요하다. 신중해야 한다. '순간의 선택이 10년을 좌우한다'는 말은 비단 가전제품에만 해당하는 말은 아니다.

07

목표에 욕심을 더하라

한 걸음씩 힘들게 걸어서 산에 오르는 사람들은 케이블카를 타고 산에 오르는 사람들을 이해하지 못한다.

'저 사람들이 과연 등산의 의미를 알기는 할까?'

반대로 케이블카를 타고 산에 오르는 사람들은 힘들게 걸어서 산에 오르는 사람들의 속내를 알 수 없다.

'왜 사서 고생할까?'

직장에서도 이와 비슷한 상황이 연출되곤 한다.

단번에 윗자리에 스카우트되어 온 나이 어린 상사는 나이 많은 부하직원을 보며 이렇게 생각할지도 모른다.

'그 나이에 창피하지도 않을까?'

반대로 밑에서부터 차근차근 경험을 쌓아온 나이 많은 부하직원은 나이 어린 상사를 보며 이렇게 생각할 수도 있다.

'새파랗게 어린애가 현장에 대해서 뭘 알겠어?'

후회하지 않을
길을 가라

설악산 권금성과 대청봉은 올라가는 방법이 서로 다르다. 구두를 신고 설악산에 오르려면 권금성으로 가야 한다. 설악산 소공원에서 출발하는 케이블카를 타면 해발 800m 권금성으로 날아가듯 데려다준다. 발밑으로 펼쳐지는 설악산 모습은 현기증이 날 정도로 아름답다. 마치 한 폭의 동양화 같다. 반면, 대청봉에 오르려면 등산화와 등산복을 반드시 준비해야 한다. 어느 길을 택하건 5시간은 족히 걸리기 때문이다. 산에 오르기 시작하면 깊은 계곡과 맑은 물, 바위와 흙, 꽃과 수풀이 계속해서 눈앞에 펼쳐진다. 그렇게 자연을 즐기면서 천천히 산에 오르다 보면 맑은 햇살이 퍼지는 대청봉을 만날 수 있다.

직장인이 승진하는 방법 역시 이와 비슷하다. 유복한 집에서 태어나 부모의 적극적인 지원 아래 외국에서 석·박사 과정을 단숨에 마치고 기업에 스카우트되는 사람들이 있다. 그들은 30대 중·후반에 거대 기업 임원이 되어 현기증이 날 정도로 빠른 승진을 거듭한다. 반면, 평범한 가정에서 남들과 똑같이 초·중·고등학교를 나와 대학을 졸업한 후 극심한 취업 경쟁을 거쳐 회사에 입사하는 사람들도 있다. 이들은 정해진 길을 밟으며 순서대로 대리·과장·차장·부장이 되고, 실전에서 쌓은 경험을 토대로 임원이 되기도 한다. 그들의 빛나는 성과에 사람들은 아낌없는 박수를 보낸다. 그러기는 자신 역시 마찬가지다. 평범한 사원에서 시작해 험난한 과정을 이겨내고 임원이 된 것에 뿌듯함을 느낀다.

산속 험한 길을 따라 한 발 한 발 힘들게 올라가건, 케이블카를 타고 쉽게 올라가건, 올라간 다음에 후회만 하지 않는다면 나름대로 의미 있는 일이다. 마찬가지로 인생의 정해진 순서대로 아래서부터 차근차근 올라가건, 부유한 부모를 둔 덕분에 일찍부터 출세 가도를 달리건 옳은 방향으로만 간다면 박수받아 마땅하다.

인생은 길다. 빠르고 늦는 것보다, 어느 길을 택하는가보다 중요한 것은 가고 싶은 곳에 바르게 갔느냐는 것이다. 즉, 끝까지 가서 후회하지 않을 길을 가는 것이 중요하다. 문제는 잘못 놓인 사다리에 올랐을 때다. 우리 집 지붕에 올라가기 위해서 사다리를 놓고 열심히 올라갔는데, 거기가 우리 집 지붕이 아닌 남의 집 지붕이라면 얼마나 당황스럽겠는가. 마찬가지로 사원·대리·과장·차장·부장까지 갖은 고생을 하면서 한 단계씩 사다리를 올라갔는데, 내가 원한 곳이 아니었다면 얼마나 황당하겠는가.

목표에
집중하는 법

목표 없는 직장인은 없다. 아무리 힘들어도 매일 아침 자리에서 일어나 버스나 전철을 타기 위해 뛰는 것은 출근이라는 목표가 있기 때문이다. 집중이 너무 안 되어 한눈을 팔고 싶어도 그러지 않는 것은 주어진 일을 끝마쳐야 한다는 목표가 있기 때문이다. 회의 시간에 상사로부터 잔소리와 심한 핀잔을 들어도 꿋꿋하게 버티는 것 역시 월급이라는 목표가 있기 때문이다.

목표에는 욕심이 들어가야 한다. 사사로운 욕심이 들어가지 않은 목표는 집중력을 발휘하기 어렵다. 바꿔 말하면, 욕심 없이 목표를 달성하기란 매우 어렵고 힘들다. 따라서 목표에 집중하려면 조직의 목표에 개인의 욕심을 덧붙여야 한다. 조직의 목표를 성취했을 때 받게 되는 보너스나 휴가도 그중 하나일 수 있다. 하지만 이왕이면 더 큰 욕심을 내야 한다. 조직의 목표를 하나하나 달성할 때마다 완성되어가는 나만의 강점 같은 것 말이다.

08

원하는 성과를 얻는 법

하루는 더디게 가는 듯한데, 월요일은 쏜살같이 온다. 일주일은 더디게 가는 듯한데, 한 달은 금세 지나간다. 계절도 참 빨리 바뀐다. 봄인 줄 알았는데, 여름이고, 가을인 줄 알았는데, 벌써 겨울이다. 또 어떻게 보냈는지도 모르게 10년이 금방 지나간다.

이렇게 빨리 흐르는 시간 속에서 우리는 불안을 느끼고 뒤늦은 후회를 하곤 한다.

'해놓은 것도 없이 자꾸 나이만 먹네.'

중요한 것은 그러면서도 뭔가 열중할 것을 찾으려고 한다는 것이다. 어떤 사람에게는 그것이 승진일 수도 있고, 어떤 사람에게는 자신만의 독특한 개성과 강점일 수도 있다. 물론 그저 열심히 사는 게 전부인 사람도 있다.

무엇에
열중하고 있는가

승진에 목매는 사람들은 조직의 별이 되고 싶어 한다. 그들은 시작은 평범했지만, 끝은 비범하게 맺고 싶은 마음을 갖고 있다. 또한, 그들은 로열패밀리가 아닌 한 보여줄 수 있는 유일한 무기는 실력임을 잘 알고 있기에 능력 있는 최고 실력자를 꿈꾼다. 조직은 그런 사람들로 인해 발전한다.

그들은 몰입하는 삶을 산다. 일에 몰입하고, 조직에 몰입하고, 미래에 몰입한다. 일에 대한 열정은 조직의 매출을 증가시키고, 조직에 대한 열정은 생산성을 끌어올리며, 미래에 대한 열정은 조직과 자신의 미래를 밝게 한다. 다만, 일에 너무 몰입하면 건강이 상할 수 있고, 조직에 너무 몰입하면 다른 사람들의 미움과 시기의 대상이 되기도 하며, 미래에 너무 몰입하면 가정으로부터 멀어질 수 있다.

그들은 슈퍼맨이 되어야 한다. 1년에 300일 이상을 퇴근 후 술과 함께 보낼 수 있으며, 1년에 350일 이상을 출근해야 할지도 모른다. 1년에 300일 이상을 자정 넘긴 시간에 귀가해야 하며, 1년에 단 하루도 지각해서는 안 될지도 모른다. 체력은 사력(社力)이다. 체력이 있어야 살아남는다. 정신력도 강해야 한다. 어렵고 힘든 문제일수록 자신을 단련하는 과정으로 생각해야 하며, 감기 같은 것에는 절대 걸리지 않도록 자기관리의 달인이 되어야 한다. 승진시험에 탈락해도 실망하거나 좌절해선 안 된다. 오뚝이처럼 다시 일어나서 더 열심히 일해 특진을 꿈꾸어야 한다.

그렇게 달려온 사람 중 20%는 마침내 임원이나 CEO 자리에 올라 성공의 기쁨을 만끽한다. 하지만 나머지 80%는 그 반열에 오르지 못한 채 상대적인 박탈감에 시달린다. 단순히 상대적 박탈감으로 끝나면 좋겠지만, 문제는 그렇게 열심히 달려왔는데도 승진에 밀렸다는 이유만으로 일자리까지 잃을 우려가 있다는 점이다.

자기 강점에 열중하는 사람들은 전문성을 갖추지 않으면 직장에서 살아남기 어렵다는 사실을 누구보다 잘 알고 있다. 단순히 월급을 좇기에는 변수가 많음을 깨닫고, 일 자체를 자기 것으로 만들어 긴 세월을 함께 해야 한다는 것을 일찌감치 터득한 것이다. 그 결과, 그들은 자신의 업무를 활용하건, 남는 시간을 활용하건 자신만의 무기 하나쯤은 꾸준히 만들어간다. 하지만 "아, 그 사람!" 하고 단번에 알아차릴 수 있는 이름 하나를 얻는다는 것은 절대 쉬운 일이 아니다. 수많은 노력과 특별한 전략이 있어야만 가능하다.

직장인이라면 누구나 자기 브랜드 하나쯤 갖고 싶어 한다. 하지만 그게 생각보다 만만한 일이 아니다. 상사로부터 지적이라도 당하지 않으면 고마워해야 할 상황에서 자기만의 브랜드를 갖는다는 것은 매우 특별한 일이기 때문이다.

조직에는 일 좀 한다는 사람들이 적지 않다. 특히 조직을 이끄는 리더들은 대부분 자신만의 강점이 있다. 그들은 부여받은 일과 프로젝트를 통해 전문성을 꾸준히 키우며, 폭넓은 업무와 인간관계를 통해 누구도 넘볼 수 없는 실력을 키운다.

업무 전문성을 갖춘 사람 중 20%는 자기 강점을 갖추어 미래를 대비한다. 그들은 어떤 어려운 상황이 와도 살아남는다. 최악의 경우 회사에서 밀려나더라도 오라는 곳이 많을뿐더러 때에 따라서는 자기 사업을 할 수도 있다. 업무를 통해 구축된 자기 강점이 퇴직 후 자신을 살리고 대표하는 상징이 되는 것이다. 그러나 나머지 80%는 전문성을 갖췄다는 이유로 안정적인 직장생활에만 만족해한다. 그러다가 더 뛰어난 전문성을 갖춘 사람에게 밀려날지도 모른다는 생각은 하지도 않은 채. 그러니 퇴직과 함께 그 전문성이 빛을 발할 것이란 생각은 애초에 그들 머릿속에 없다.

일을 통해 무엇을
얻고 싶은가

그저 열심히 사는 사람들은 하늘의 무수한 별과도 같다. 밤하늘을 환하게 밝혀주긴 하지만, 특별히 눈에 띄는 점도 없을뿐더러 모두 비슷비슷해 보이기 때문이다. 사실 열심히 산다는 건 주관적인 판단이다. 어떻게 사는 것이 열심히 사는 것인지 판단하는 사람마다 다르기 때문이다. 예컨대, 100m를 걷고도 나름대로 최선을 다했다고 말하는 사람이 있는가 하면, 1Km를 걷고도 부족하다는 사람도 있다.

대부분 직장인은 나름대로 최선을 다하고 있다고 강변한다. 하지만 상사의 평가는 다르다. 그저 열심히 하는 것만으로는 아무 소용 없기 때문이다. 그런 부하직원을 좋게 평가하는 상사는 없다.

그런 사람들일수록 남이 정해주는 길을 따르는 것을 좋아한다. 누군가 정해준 길을 열심히 따라가는 것도 그들에게는 최선이기 때문이다. 그들은 스스로 비전을 세울 줄 몰라 비전이 없다고 입버릇처럼 말하며, 조직이 비전을 제시해주길 바란다. 그렇지 않으면 비전 없는 직장이라고 불평하며 그만두겠다고 하기 일쑤다. 하지만 정작 실행에 옮기지는 못한다. 자신은 그만두고 싶지만, 가족을 위해서 참는다는 것이 그 이유다. 그리고 그것을 열심히 사는 것으로 착각하며 위안 삼으며, 자신은 분명 열심히 사는데 세상이 알아주지 않는다면서 그 책임을 자신이 아닌 외부로 돌린다.

조직 내 많은 사람이 이런 부류에 속한다. 열심히 일하지 않고 월급을 받아가는 사람은 없다. 다만, 그 '열심히'라는 말이 주관적이어선 안 된다. 최소한 과반이 동의하고 평가할 수 있는 지표가 있어야만 '열심히'란 것도 인정받을 수 있다. 그러자면 먼저 생각을 정리해야 한다. 왜 열심히 일해야 하는지에 대한 이유와 그렇게 해서 과연 무엇을 얻고 싶은지 확실히 정리해야 하는 것이다. 그래야만 원하는 성과를 얻을 수 있다.

09

최선이 어렵다면
차선을 선택하라

강연할 때마다 사람들에게 두 가지 질문을 하곤 한다.

"우리를 행복하게 하는 것은 무엇일까요?"

'여행'이라고 하는 청중이 꽤 많다. 그것도 세계 여행. 그다음으로 가족, 돈, 건강, 자동차를 꼽는다. 때로는 사랑이라는 고차원적 대답이 나오기도 한다.

그러면 나는 질문을 비틀어서 다시 한번 묻는다.

"무엇이 우리를 정말 행복하게 할까요?"

순간, 강연장에 침묵이 흐르지만, 곧 대답이 쏟아진다. 대답은 거의 정해져 있다. 바로 '일'이다.

청중 대부분이 일이 우리를 행복하게 한다고 말한다. 하지만 모든 일이 우리를 행복하게 하는 것은 아니다. 우리는 '자신이 하고 싶은 일'을 하는 데서 행복을 느끼지만, 하고 싶지 않은 일에서는 전혀 행복을 느끼지 못한다. 어떤 목적이 있는 일, 그 목적이 자기 스스로 세운 의미 있는 것에서만 우리는 행복을 느낀다. 그런 점에서 지금 일하는 게 행복한 사람은 자신이 원하는 일을 하고 있는 셈이다. 물론 원하지 않은 일을 어쩔 수 없이 하는 사람도 적지 있다. 하지만 일이 없는 것보다는 그런 일이라도 있는 것이 더 행복할 수 있다. 흔히 하는 말 중 이런 말도 있지 않은가.

"일할 수 있는 것만으로도 행복한 것이다."

두 번째 질문은 다음과 같다.

"지금 행복하다면 그 행복이 언제까지 유지될 수 있을까요?"

지금 행복하다는 것은 현재 하는 일을 좋아한다는 것이다. 그런데 과연 그 일을 언제까지 할 수 있을까. 바로 그것을 묻는 것이다.

세상에 변하지 않는 것은 없다. 마찬가지로 현재의 좋은 상황과 조건이 계속 유지되리란 보장 역시 어디에도 없다.

그동안 수많은 직장인과 상담해본 결과, 현재를 행복하다고 느끼는 직장인은 거의 없었다. 겉으로 보기에는 대부분 행복해 보였지만, 실상은 전혀 그렇지 않았다. 그들은 현재 자신의 모습에 감사하면서도 한편으로는 불안해했다. 잘 나가는 직장인도, 안정적인 것처럼 보이는 직장인도 마찬가지였다. 지금의 행복과 편안함이 계속되지 않으리라는 것을 잘 알고 있기 때문이다.

"현재가 만족스럽지 않다면 언제까지 참을 수 있습니까?"

현재가 만족스럽지 않다는 것은 싫어하는 일을 참고 견디면서 억지로 하고 있다는 것이다. 그래서 그 일을 언제까지 계속할 수 있느냐고 묻는 것이다. 불편하고 힘들지만, 그래도 참을 수 있다면 다행이다. 하지만 참기 어려운데도 참을 수밖에 없다면 그것만큼 불행한 일도 없다.

이 질문에 대부분 사람은 '모르겠습니다'라고 한다. 그럴 수밖에 없다. 참을 수 없다고 당장 참는 것을 그만두면 그 후에는 더 힘든 상황이 펼쳐질 수도 있기 때문이다.

지금 하는 일을
좋아하는가

'평생 일해야 한다'라고 하면 과연 어떻게 될까. 직장이 있다는 것이 더는 행복하지 않을 수도 있다. 그렇다면 선택해야 한다. 좋아하는 일을 찾던지, 현재 하는 일을 좋아하던지.

공자는 "지지자(知之者)는 불여호지자(不如好之者)요, 호지자(好之者)는 불여낙지자(不如樂之者)"라고 했다. "일을 아무리 잘 알아도 일을 좋아하는 사람을 당할 수 없고, 일을 좋아한다고 해도 일을 즐기는 사람을 당할 수 없다"는 뜻이다. 2,500년 전이나 지금이나 일을 대하는 사람들의 태도는 별반 다르지 않은 듯하다.

조건만 맞는다면 누구나 그렇게 하고 싶을 것이다. 즐기는 수준까지는 아니라도 이왕이면 좋아하는 일을 하고 싶은 것이 인지상정이기 때문이다. 하지만 현실은 그렇지 못하다.

15년간 한 회사에서 근무한 후 퇴직한 직장인이 있다. 놀라운 것은 15년 동안 자신이 담당했던 일을 단 한 번도 좋아한 적이 없다는 것이다. 대학 졸업 후 어렵지 않게 회사에 입사한 그는 위기를 몇 번 겪기는 했지만, 한 번도 직장에서 밀려난 적 없이 항상 최선을 다했다고 한다. 그것이 당연하다고 생각했기 때문이다. 또한, 남들 역시 그렇게 하는 줄 알 았고, 그게 직장생활이겠거니 생각했다고 한다.

좋아하는 일을 새로 찾는 것보다는 지금 하는 일을 좋아하는 것이 훨씬 현실적인 방법임을 대부분 사람은 이미 알고 있다. 지금 하는 일을 좋아하지 않는다고 해서 당장 일을 그만둘 수는 없기 때문이다. 그래도 현재 불행하게 일하고 있건, 행복하게 일하고 있건 일이 있는 직장인이라면 아직 희망이 있다. 일이 없는 사람보다는 훨씬 좋은 상황에 있기 때문이다. 그런 사람들은 현재의 불만족을 개선하는 방법과 현재의 행복을 지속할 수 있는 전략을 찾는 것이 급선무다.

일에
의미 부여하기

좋아하는 일을 즐기는 수준에 이르는 것보다 더 좋은 것은 없다. 하지만 현실의 직장인에게는 한계가 있다. 자기가 좋아하는 일만 할 수도 없을뿐더러 모두가 지금 하는 일을 좋아할 수도 없기 때문이다. 그런 점에서 '현재 하는 일을 좋아하고 즐겨라'라는 말은 직장인에게 적합하지 않다. 매우 어려운 일이다. 분명 누군가는 그런 시도를 해봤을 것이고, 그 과정에서 수많은 눈물과 실패를 겪었을지도 모르기 때문이다.

그렇다면 일에 '의미'를 부여하는 건 어떨까. 마치 게임을 하듯이 일에 '미션'을 부여하는 것이다. 당장 우리는 짧은 직장생활, 긴 인생과 마주해야 한다. 그 때문에 현재의 일을 통해 자기 강점을 만들라는 것이다.

현재 일을 통해 자기 강점을 만든다는 목표가 서면 일을 대하는 태도부터가 달라진다. 싫은 일을 마지못해서 하는데 어떻게 자기 강점을 만들 수 있겠는가. 일을 통해 자기 능력을 한두 단계 더 올리겠다는 명확한 목표가 있어야 한다. 그 순간, 책임감 때문에 마지못해서 했던 일은 공들여서 수행해야 할 미션으로 바뀐다. 그렇게 하나하나 단계를 설정해서 올라가다 보면 성취감도 생길뿐더러 차츰 일을 즐길 수 있다. 그 일로 성공한 자신의 모습을 그려본다면 없던 열정도 생길 것이다.

물론 남는 시간을 이용해서 자신이 좋아하는 일로 자기 강점을 만들겠다는 사람도 있을 것이다. 그런 사람에게는 '숙제 후 TV 시청'이라는 어린 시절 부모님 말씀을 떠올려보라고 하고 싶다.

누구나 TV를 보기 위해 숙제를 집중해서 빨리 끝냈던 적이 한두 번쯤 있을 것이다. 이 경우 회사 일이 숙제, 좋아하는 일은 TV 시청이 된다. TV 시청을 빨리하기 위해서는 숙제를 빨리 끝내야 한다. 즉, 회사 일을 집중해서 빠르게 처리할수록 퇴근이 빨라지고 주말 시간을 많이 확보할 여지가 생기는 것이다. 좋아하는 일을 위해서라면 그 정도 고생은 기꺼이 감수해야 한다.

최선이 어렵다면 차선을 선택하면 된다. 일을 좋아하고, 즐기는 게 어렵다면 자기 강점 측면에서 접근하는 것이다. 그러다 보면 어느새 차선이 최선이 되어 있을지도 모른다.

Look far ahead instead of considering the particular shot
before you.

당장 눈앞의 수만 생각하지 말고 멀리 몇 수 앞을 내다보라.

__ 미국 월가^{Wall Stree} 격언

PART 3

무엇을, 어떻게 자기 강점화 할 것인가

성공하는 제2인생을 위한 자기 브랜드 전략

시간이 빨리 흐른다는 것은 그만큼 몰입했다는 증거다. 꾸준함은 설렘에서 온다. 그러니 만일 어떤 일에 마음이 설렌다면 이미 이긴 것이나 다름없다. 그런 점에서 자기 강점은 직장인을 설레게 하는 희망이자, 시간을 빨리 흐르게 하는 마법과도 같다.

어떤 사람은 이렇게 말하기도 한다. 나를 잘 아는 누군가가 있어서 "너는 이것을 잘하니, 그것을 너만의 강점으로 만들어"라고 정해주면 좋겠다고. 그러면 적어도 그 문제로 고민을 안 해도 되니 얼마나 좋겠냐는 것이다.

이렇듯 무엇을 자기 강점으로 택해야 할지 고민하는 사람이 매우 많다. 분명 쉽지 않은 일임이 틀림없다. 선택하지 않은 것에 대한 아쉬움과 후회, 선택한 후에 져야 할 책임감이 그만큼 무겁기 때문이다. 또한, 남은 인생을 결정하는 것이니만큼 심사숙고해야 한다.

___ '무엇을 자기 강점으로 택할 것인가'에서

01

어떻게
자기 강점을 만들 것인가

현대 경영학의 창시자 피터 드러커는 《자기경영 노트》에서 이렇게 말한 바 있다.

"노령인구의 급속한 증가와 젊은 인구의 급속한 감소로 75세까지는 일해야 하는 사회가 온다. 임시 파트타임, 컨설턴트, 특수한 작업 요원이란 이름으로…."

현재 48세가 회갑이 되는 2030년 정도가 되면 60세 이상 인구가 절반을 넘는다. 그때가 되면 대부분 사람은 필연적으로 제2의 경력, 제2의 인생을 살아가야 한다. 프리랜서, 파트타임 아웃소싱, 독립적인 계약자의 명찰을 달고서. 하지만 일자리는 계속해서 줄어든다. 예전의 농업인구가 80%에서 3%대로 떨어진 것처럼 제조업 일자리 역시 계속 줄어드는 것이다. 전과 비교하면 제조업 생산량은 2배나 증가했지만, 노동력은

12%나 줄었다.

미래는 지식사회다. 힘의 사회가 아닌 지혜와 지식이 중심이 되는 사회인 것이다. 지식사회에서 효과 있는 지식은 전문화된 지식이다. 따라서 이제 자기소개를 이렇게 해야 할지도 모른다. 그래야만 살아남을 수 있기 때문이다.

"저는 사슴벌레와 장수풍뎅이를 연구하는 곤충학자입니다."

"저는 비만 전문 물리치료사입니다."

"저는 이직 전문 HR 컨설턴트입니다."

지식 근로자는 우선 정규교육을 이수해야 하고, 최신 지식을 보유하기 위해 일을 하면서도 계속 교육을 받아야 한다. 당연히 미래에는 전문교육기관이 많이 늘어날 것이다. 지식사회에서 교육은 끝이 없기 때문이다. 누구나 40대 중반부터 제2의 인생을 위한 교육을 받아야만 한다.

자기 강점
선택하기

자기 강점 강화 과정은 크게 5단계로 나눌 수 있다. 먼저, 직장생활을 통해 만들고 싶은 강점이 무엇인지 선택해야 한다. 선택해도, 선택하지 않아도 시간은 흐른다. 그러니 선택하는 것이 당연히 유리하다. 다음으로 범위를 정해야 한다. 시인 프로스트의 말처럼 두 갈래 길을 모두 갈 수는 없는 법이다. 범위를 정한 후 자신이 극대화하고 싶은 전문성 영역을 두 차례 정도 세분화시키는 과정 역시 필수다. 이 과정에서 대략적인 전략과 전술이 세워진다. 마지막으로, 어떻게 자기 강점을 만들어갈 것인지 구체적인 계획을 짠 후 실행에 옮기는 과정이 필요하다.

위 과정을 K기업 인사팀 과장으로 근무하는 최 과장의 사례를 통해 좀 더 쉽게 알아보자. 최 과장이 '면접 전문가'라는 자기 강점을 어떻게 만들어 가는지, 최종 목표인 최고경영자가 되는 데 있어 '면접 전문가' 라는 자기 강점이 어떤 영향을 미치는지 구체적으로 살펴보는 것이다.

자기 강점 강화
5단계 프로세스

올해 서른여섯 살인 경력 8년 차 직장인 최 과장은 작년에 과장으로 승진했다. 중간 간부로서 자긍심과 기쁨이 있지만, 언제부터인지 업무에 대해 자신감이 없어지고 미래에 대한 불안감에 휩싸이기 시작했다. 그러다가 문득 미래에 경영자가 되는 자신의 모습을 그려보았다. 그럴듯했다. 아니, 좋았다. 그때부터 그의 마음속에는 경영자라는 단어가 점점 자리 잡기 시작했다. 가능하다면 최고경영자가 되고 싶었다. 그를 처음 만난 날 그는 잠시 머뭇거리며 이렇게 말했다.

"저는 언젠가 경영자가 되고 싶습니다."

● **1단계 _ 구체적인 목표 및 기간 설정 : 나는 15년 후 경영자가 되고 싶다**

목표가 있다는 것은 어느 정도 가능성이 있다는 것이다. 특히 다른 사람에게 자기 목표를 명확히 말할 수 있다는 것은 충분히 고민했다는 증거이며, 이미 출발선을 향해 가고 있음을 뜻한다. 사실 그동안 만난 30~40대 직장인 대부분은 "글쎄요, 뭘 해야 할지 모르겠어요"라고 하는 경우가 많았다. 그러니 그런 목표를 듣는다는 것 자체가 꽤 고무적이었다. 그러나 '언젠가 경영자가 되고 싶습니다'라는 그의 목표에는 두 가지 문제가 있었다. 첫째는 '언젠가'였고, 둘째는 '경영자'였다.

'언젠가'라는 말에 많은 사람이 속고 있다. 5년 후도, 10년 후도, 20년 후도 아닌 그저 막연한 바람만 담고 있기 때문이다. 더 큰 문제는 많은 사람이 그 말을 입버릇처럼 달고 산다는 것이다. 먹고 사는 게 당장 시급한 문제도 아니요, 목표가 절실하지도 않기 때문이다. 뭔가를 당장 시작하기에는 부담스럽지만, 꿈꾸는 것 역시 멈추고 싶지 않다는 이율배반적인 생각 역시 한몫한다. 비록 지금은 아니지만, 언젠가는 이루고픈 목표가 있는 꿈꾸는 직장인. 왠지 그럴듯하지 않은가.

하지만 '언젠가'는 실체 없는 허상일 뿐이다. 그 언젠가가 언제인지는 누구도 알 수 없다. 어쩌면 영원히 오지 않을 수도 있다. 결국, '오면 좋고, 아니면 말고'와 같은 말인 셈이다.

목표를 달성하는 데 있어 구체적인 기간이 없으면 아무런 의미가 없다. 그런 점에서 '언젠가'는 목표가 될 수 없다.

'경영자가 되고 싶다'란 말 역시 마찬가지다. 비록 좋은 목표이긴 하지만, 구체적이지도 않을뿐더러 범위 역시 너무 넓다. 그것은 "나는 돈을 많이 벌고 싶다"라거나 "나는 성공하고 싶다"와 같은 막연한 목표에 지나지 않는다. 그런 목표를 갖고 평범한 직장인에서 성공한 경영자가 된 사람은 없다.

목표는 현실적이고 구체적이어야 한다. 따라서 어떤 분야, 어느 정도 규모의 경영자가 되고 싶은지 구체적으로 설정해야 한다. 몸의 치수를 알아야 그에 맞는 옷을 맞춤 제작할 수 있듯이 말이다.

● 2단계 _ 현실적인 목표 설정 : 나는 인사 전문가가 되고 싶다

최 과장은 인사팀에서만 8년 동안 일했다. 그렇다면 인사 쪽에 강점이 있다고 봐야 한다. 그런데 그의 목표에는 '어떤 분야'의 경영자가 되겠다는 구체적인 범위가 없다. 미래 경영자라는 목표도 좋지만, 어떤 전문성을 갖춘 경영자가 될 것인지가 훨씬 중요하다. 그러는 것이 일에 관한 몰입은 물론 목표에 관한 집중 역시 높일 수 있기 때문이다.

다행히 최 과장은 자신이 하는 일을 매우 좋아했다. 사실 엔지니어 가운데 엔지니어링 업무보다는 교육이나 관리 업무에 더 관심이 많은 사람이 있듯이, 인사팀에서 일해도 정작 인사업무를 싫어하는 사람이 꽤 있다. 신입 때 원하는 부서에 배치받지 못한 탓도 있고, 본인의 전공과는 다른 일을 하면서 느끼는 괴리감 때문일 수도 있다. 물론 전공과는 전혀 다른 업무를 맡아도 곧잘 적응해서 탁월한 능력을 발휘하는 사람도 더러 있기는 하다.

어쨌거나 최 과장은 자신이 담당하는 인사업무를 좋아했고, 그래서 목표를 전환하는 데도 매우 긍정적이었다. 목표가 멀면 일에 대한 흥미는 물론 의욕 역시 사라진다. 기계적으로 아침에 일어나서 출근하고, 출근했으니 일하는 것과 같다. 그렇게 월급과 시간을 맞바꾸는 상황에 익숙해지면 월급 때문에 일하는 워크푸어(work poor)가 되는 것이다. 그 때문에 막연한 목표가 아닌 현실적인 목표를 세워야 한다.

가장 바람직한 것은 현재 담당하는 업무로 끝장을 보겠다는 것이다. 그것이 실행 가능성이 가장 높고, 목표 달성에도 유리하다. 직장 초년생이나 4~6년 차 정도의 대리급이라면 다른 일에 흘깃거릴 수도 있고, 일탈을 꿈꿀 수도 있지만, 과장급 정도 되면 자기 일에 자긍심을 갖고 그 분야에 집중해야 한다. 물론 도저히 적성에 맞지 않아서 다른 분야를 알아볼 수도 있다. 그 경우에도 막연히 뜬구름 잡는 식보다는 자기가 관심 있는 분야, 잘하는 분야, 전망이 좋은 분야를 고려해서 현실적으로 가능한 목표를 잡는 것이 좋다.

자기 강점 구축까지는 어느 정도 시간과 노력이 필요하다. 그러므로 자신이 처한 상황에서 현실적으로 취하기 쉬운 것을 선택하는 것이 중요하다. 그런 점에서 몰입할 수 있고, 실행할 수 있는 절호의 기회를 현재 담당 업무가 줄 수 있다면 자기 강점 구축은 이미 시작되고 있는 셈이다.

● **3단계 _ 목표 세분화 : 나는 채용 전문가가 되고 싶다**

그렇게 해서 최 과장은 '인사 전문가가 되고 싶다'로 목표를 수정했다. 그런데 '인사 전문가'라고 해도 정확히 어떤 분야인지 정확히 감이 잡히지 않는다. 거기에도 여러 가지 분야가 있기 때문이다.

인사는 크게 인사관리(HRM, Human Resource Management)와 인적자원개발(HRD, Human Resources Development)로 나눌 수 있다. 인사관리는 조직과 업무 설계 · 인적자원 계획 · 작업수행 관리체제 · 선발 및 배치 · 보상/복리후생 · 노사관계 · 인사정보처리 등으로 나뉘며, 인적자원개발은 직원 훈련과 개발 · 조직개발 · 경력개발 · 성과 향상 등으로 나뉜다. 인사 전문가가 된다는 것은 이 많은 영역을 통틀어 전문가가 된다는 것이다. 하지만 이는 물리적으로도 불가능할 뿐만 아니라 전문성이 결여될 여지가 있다. 따라서 좀 더 범위를 좁혀야 한다.

기업에서 직원들의 업무 전문성을 말할 때 파이(π)자형 혹은 T자형 전문성을 자주 거론한다. 파이(π)자형 전문가는 자신의 업무에 대해 전반적으로 잘 알면서 두 가지 정도 높은 전문성을 가진 사람을 말하며, T자형 전문가는 자신의 업무에 대해 전반적으로 잘 알면서 최소한 한 가지 분야에서 높은 전문성을 가진 사람을 말한다.

자기 강점 역시 파이(π)자형과 T자형으로 나눌 수 있다. 바람직한 것은 파이(π)자형 강점으로, 인사업무 11개 영역 중 2개 정도에서 높은 전문성을 갖는 것이다. 예컨대, '채용'과 '경력개발' 업무의 전문성을 키워 자기 강점으로 삼을 수 있다. 단, 인사업무 전반을 관리해야 하는 인사과장이 '채용' 혹은 '경력개발' 전문가가 되겠다며 그 분야만 파고들 경우, 업무가 축소되는 느낌을 받거나 주위의 따가운 시선을 받을 수도 있음을 유의해야 한다. 따라서 되도록 대리급일 때부터 목표를 정하고, 전문성을 키워가는 것이 좋다.

● **4단계 _ 전문 영역 검토 : 나는 면접 전문가가 되고 싶다**

이제 다소 막연했던 최 과장의 자기 강점 영역이 어느 정도 손에 잡히었다. 하지만 아직 한 단계가 더 남았다. 목표를 더 세분화해서 눈에 확연히 보이고 손에 확실히 잡히는 '전문 영역'을 검토해야 한다.

최 과장이 채용 전문가에서 한 단계 더 세부적으로 생각한 목표는 '면접 전무가'였다. 요즘처럼 '높은 스펙'을 갖춘 입사 지원자가 넘치는 때 취업의 당락을 좌우하는 것은 면접이다. 일정 요건만 갖추면 통과하는 서류전형과 달리, 면접에서는 여러 요소를 다각적인 측면에서 평가하기 때문이다. 이 과정을 통해 기업은 자사에 적합한 인재(Right People)를 선발한다. 그 때문에 기업은 면접의 예측 타당도를 높이기 위해 갖가지 방안을 모색하고 연구한다.

문제는 인원 선발에 대한 기준 및 과정이 일단 세팅되면 그 이상은 귀찮아할뿐더러 더는 신경 쓰지 않는다는 것이다. 기업 입장에서야 좋은 인재를 선발하는 것이 중요하지만, 실무자 입장에서는 그 성과가 수치로 나타나는 것이 아니기 때문이다. 선발한 인재들이 회사의 기둥이 될지, 몇 개월만 일하고 그만둘지는 그 누구도 알 수 없다. 그 성과를 측정하는 데는 최소 몇 개월에서 최대 몇 년이 걸리기 때문이다. 그러다 보니 많은 이들이 채용 업무를 담당하는 것을 꺼린다. 하지만 바꿔 생각하면 이것이야말로 매우 특별한 기회가 될 수 있다. 그것만큼 자기 강점으로 키우기 좋은 것도 없기 때문이다. 채용은 기업의 현재와 미래를 책임지는 일이다. 이런 중요하고 손이 많이 가는 일을 자청해서 맡아 역량을 키운다면 '기업 내 면접 전문가'란 이미지를 만들 수 있을 뿐만 아니라 그 입지 역시 매우 탄탄해질 수 있다. 채용과 관련해서 가장 먼저 떠오르는 사람으로 인정받을 수 있기 때문이다.

최 과장은 인사과장이니만큼 다른 사람보다 훨씬 유리한 고지에 있다. 최고 조건을 가진 셈이다. 최고 면접관이 되어 훌륭한 인재를 선별하는 데 있어 일익을 담당하고, 사내 간부들을 교육하여 역량 있는 면접관으로 키워낸다면 인사과장으로서 매우 의미 있는 일이 될 뿐만 아니라 자기만의 강점을 만들 수 있다.

최 과장이 채용 전문가에서 한 단계 더 세부적으로 생각한 다음 목표는 '평가 전문가'였다. 이 또한 인사과장이 관심을 가져볼 만한 영역이다. 올바른 인사를 하려면 공정한 평가가 기준이 되어야 한다. 불공정한 평가는 불만의 원인이 되고 기업의 생산성을 떨어뜨리기 때문이다.

특히 인사에 있어 평가 기준이 문제가 되는 경우가 적지 않아 많은 기업에서 '역량 모델링'을 활용해 평가 기준으로 삼곤 한다. 그러니 인사과장이 중심이 되어 조직에 필요한 역량 모델을 만든다면 기업 내 공정 평가에 크게 기여하는 셈이다. 인사 분야에 다양하게 활용할 수 있기 때문이다.

우선, 채용과 배치 부문에서는 역량 중심의 적합한 인재 채용, 역량 중심의 배치, 능력 중심의 인재 확보가 가능해진다. 또한, 교육 부문에서는 역량 중심의 교육체계 개발, 역량 중심의 교육 요구 조사와 과정 설계, 교육 프로그램 효과성 측정이 가능해지며, 육성과 경력 개발 부문에서는 직무 프로그램 중심의 육성 계획, 사업과 연관된 역량과 경력 개발, 인재관리, 역량 중심의 경력 개발에 활용할 수 있다. 나아가 성과관리와 보상에서는 연공서열이 아닌 능력과 성과 중심 평가, 목표관리와 연관된 역량 중심 성과관리, 역량 중심 보상을 시행하기 위한 기초가 된다.

'커리어 코칭 전문가' 역시 인사과장이 생각해볼 만한 목표다. 특히 직원들의 경력 개발은 조직 성과의 근간인 조직 활성화의 기초가 되기 때문에 인사과장의 업무 중 중요한 부분을 차지한다. 하지만 이에 대한 코칭이 가능한 인사 전문가는 거의 없는 실정이다. 그런 만큼 충분히 도전해볼 만한 가치가 있다. 스마트한 코칭을 통해 직원들의 경력 개발을 돕는다면 인사과장으로서 매우 의미 있는 일일 뿐만 아니라 자기만의 강점으로도 키울 수 있기 때문이다.

● **5단계 _ 구체적인 전략 수립 및 실행** : 면접 전문가가 되기 위한 5년 실행 계획

그렇게 해서 최 과장은 '면접 전문가'를 최종 목표로 정했다. 이제 자

기 강점을 만들기 위한 기본 목표가 세워졌으니, 그것을 향해 열심히 달려야 한다.

모든 레이스에는 실행 전략이 필요하다. 출발 후 어느 지점까지는 전력 질주하고, 어느 지점까지는 호흡 정비, 어느 지점부터 다시 막판 스퍼트를 할지 정해야 하는 것이다. 그렇다면 최 과장이 면접 전문가가 되기 위해서는 어떻게 해야 할까. 수차례 논의 끝에 다음과 같은 실행 전략이 세워졌다.

난 면접 전문가가 될 것이다. 그러기 위해 면접 실무 경험을 충분히 쌓아 유능한 면접관이 될 것이며, 그 경험을 살려 면접 관련 책도 한 권 출간할 것이다. 이를 위해 앞으로 2년 동안 열심히 실무 경험을 쌓고, 면접에 관한 자료를 모아 정리할 것이며, 3년 안에 책을 출간할 것이다. 그렇게 해서 5년 안에 '면접 전문가 최 과장'이라는 나만의 강점을 확실히 만들 것이다.

목표를 세웠으면 구체적인 실행 전략이 있어야 한다. 허구한 날 목표만 세워봤자 실행이 없으면 상상에 불과하기 때문이다. 실행 전략이 있고 없음에 따라 인생이 달라진다. 이에 최 과장은 '전문서적 출간'란 전략을 세웠다.

"예~에! 저 보고 책을 쓰라고요?"

다소 황당하게 들릴지도 모른다. 최 과장 역시 처음에는 움찔했다. 평소 보고서 말고는 글 몇 줄과도 거리가 먼 그에게 수백 쪽에 달하는 책을 쓰라고 하니 도저히 엄두가 나지 않았던 것이다. 하지만 지레 겁먹을 필요는 없다. 아름다운 수필을 쓰라는 것도, 기승전결이 명확한 소설을 쓰라는 것도 아니기 때문이다. 단지 '내가 하는 일'에 대해서 쓰면 된다. 사실 전문가쯤 되면 자기 일에 관해 글을 쓰는 것은 일도 아니다. 더욱이 당장 쓰라는 것도 아니다. 실무 경험을 차근차근 쌓으면서 자료를 모은 다음에 쓰면 된다. 자료를 모으는 방법 역시 매우 다양하다. 인터넷에서 '면접'이란 키워드를 치면 수많은 자료를 찾을 수 있다. 책이건, 논문이건, 신문기사건, 다른 회사 면접 가이드 건 마음만 먹으면 주변에서 쉽게 자료를 모을 수 있다. 특히 인사과장으로서 면접을 수시로 진행하면서 쌓은 실전 예시와 정보는 최 과장만이 가질 수 있는 최고 자료다. 얼핏 보면, 면접이 매번 똑같은 방식으로 진행되는 것처럼 보이지만, 실상은 그렇지 않다. 면접 대상도, 면접관도 다를 뿐만 아니라 질문도, 대답도 항상 다르며, 면접을 치르는 상황과 조건 역시 매번 다르다. 그러다 보니 수많은 사례가 생긴다. 그 사례들을 그때그때 기록하고 정리하면 책을 쓰는 좋은 자료가 된다. 그렇게 해서 얻은 자료를 통해 기존에 해왔던 방식과 새로운 방식을 비교, 검증하고 활용하면 또 다른 소중한 자료가 된다. 그러다 보면 기존 면접의 장단점이 무엇인지, 개선할 점은 무엇인지, 더 훌륭한 인재를 확보하기 위해서는 어떻게 해야 할 것인지 좋은 아이디어가 떠오르기 마련이다. 이런 식으로 2년 동안 실무경험과 자료를 쌓았다면 이후 3년 동안은 모은 자료를 토대로 실무에도 적용해보고, 주말이나 남는 시간을 이용하여 글을 쓰는 것이다. 비록 처음에는 쉽지 않겠지만, 쓰면 쓸수록 글솜씨도 늘고, 속도가 붙어 곧 자신의 이름으로 된 책과 만날 수 있다.

그렇게 되면, 최 과장은 부장으로 승진하기도 전에 이미 사내에서 '최고 면접 전문가'로 명성을 날리게 될 것이다. 즉, '면접'하면 그가 가장 먼저 생각나고, 면접과 관련해서 임직원들이 가장 먼저 찾는 사람이 되는 것이다. 전략을 갖고 실행했던 기간이 평범한 인사과장을 자기 브랜드가 확실한 사내 전문가로 바꾸는 것이다.

사내에서 얻은 명성은 곧 사외로도 이어진다. 전문 면접관의 활용도는 생각보다 많다. 특히 실무를 바탕으로 실력을 쌓은 실무형 면접관의 활용도는 예상외로 크다. 이론으로만 무장된 이론가형 면접관보다는 실무와 이론을 겸비한 실무형 면접관이 더 필요하기 때문이다. 취업 준비생을 위한 강의 및 코칭, 컨설팅은 물론 정부에서 진행하는 각종 면접 역시 마찬가지다. 그런 만큼 전문성을 갖춘 실무형 면접관은 최고 주가를 올릴 수 있다. 재직 중이라면 출장을 가는 것도 가능하며, 퇴직 후에는 개인 비즈니스를 할 수도 있다.

이렇게 5년이면 자기 강점 1단계를 완성할 수 있다. 부장을 달기 위해서도 그 정도 시간은 걸린다. 그 기간에 자기 강점을 만들건, 만들지 않건 시간은 흘러간다. 어차피 부장이 되는 것은 시간문제라지만, 확실한 자기 강점을 갖고 부장으로 승진하는 것과 그렇지 않은 것은 엄연히 큰 차이가 있다. 특히 자기 이름으로 된 전문서적이 있는 부장은 거의 없다.

모든 과장이 부장으로 승진하는 것도 아니다. 회사에 도움이 되는 사람만이 승진할 수 있다. 시간이 지났다고 해서 자동으로 승진을 시켜주는 회사는 어디에도 없다. 따라서 즐거운 마음으로 일할 수 있는 조건을 스스로 만들어야 한다.

견디는 5년보다는 설레는 5년이 되어야 한다. 견디는 시간은 더디게 흐르지만, 설레는 시간은 나도 모르게 지나가기 마련이다. 시간이 빨리 흐른다는 것은 그만큼 몰입했다는 증거다. 꾸준함은 설렘에서 온다. 그러니 만일 어떤 일에 마음이 설렌다면 이미 이긴 것이나 다름없다. 그런 점에서 자기 강점은 직장인을 설레게 하는 희망이자, 시간을 빨리 흐르게 하는 마법과도 같다.

02

무엇을
자기 강점으로 택할 것인가

흔히 이렇게 묻곤 한다.

"잘하는 게 뭐야?"

대부분 사람은 그럴 때마다 곤혹스럽기 그지없다. 한 번도 진지하게 생각해본 적이 없기 때문이다. 어떤 사람은 이렇게 말하기도 한다. 나를 잘 아는 누군가가 있어서 "너는 이것을 잘하니, 그것을 너만의 강점으로 만들어"라고 정해주면 좋겠다고. 그러면 적어도 그 문제로 고민을 안 해도 되니 얼마나 좋겠냐는 것이다.

이렇듯 무엇을 자기 강점으로 택해야 할지 고민하는 사람이 매우 많다. 분명 쉽지 않은 일임이 틀림없다. 선택하지 않은 것에 대한 아쉬움과 후회, 선택한 후에 져야 할 책임감이 그만큼 무겁기 때문이다. 또한, 남은 인생을 결정하는 것이니만큼 심사숙고해야 한다. 그러니 뭘 선택해도 마음이 무겁고 미련이 남을 수밖에 없다.

현재 일에 대한 능력과 열정이 어느 정도인지 알면 어떤 일이 자기 강점으로 적합한지 판단하는 방법이 있다. AP 분석이 바로 그것이다. A는 현재 자신의 능력(Ability) 수준을 의미하며, P는 일에 대한 열정(Passion), 즉 일에 대한 애정을 뜻한다.

가지 않은 길에 대한
미련 접기

대기업에서 구매업무를 하는 마흔셋의 16년 차 직장인 정 차장. 겉으로는 아무 문제가 없어 보이던 그는 만난 지 15분 만에 자신의 고민을 털어놓았다. 예상대로 그는 현재의 문제로 찾아온 게 아니었다. 그의 고민은 미래에 있었다. 그것도 가까운 미래, 3~4년 혹은 5년 이내에 자신이 맞닥뜨릴 상황에 대해 매우 불안해했다.

"지난 16년 동안 열심히 하면 된다는 생각에 매년 목표를 정해서 이루어왔어요. 그런데 뚜렷한 방향이나 비전이 없다 보니 미래에 대한 확신도 없을뿐더러 시간이 갈수록 두려움만 커져요. 그러다 보니 가까운 미래에 무슨 일을 해야 할지 정하는 게 너무 어렵습니다. 왜 그럴까 생각해봤는데, 하나를 선택하면 선택하지 않은 다른 일들이 마음에 너무 걸리더라고요. 혹시라도 그것이 더 잘되는 일이면 어떡하지, 그게 내가 더 잘하는 일이면 어떡하지 하는 아쉬움 같은 것 말입니다."

가지 않은 길에 대한 미련 때문에 자신의 길을 정하지 못한 채 시간만 보내고 있다는 것으로, 결국 그러다가 아무것도 준비하지 못한 채 회사에서 밀려나는 것은 아닌지 불안하다는 것이었다.

그의 이야기를 들으면서 나는 두 가지 사실을 확실히 알게 되었다. 그가 4~5년쯤은 현재 직장에서 더 일할 수 있다는 것과 자기 강점을 찾고 싶어 한다는 것이 바로 그것이다. 그래서 그에게 조심스럽게 물었다.

"현재 업무를 포함해서 자신이 미래에 하고 싶은 일에 대해서 한 번이라도 진지하게 생각해본 적 있나요?"

그는 잠시 머뭇거리더니 이렇게 말했다.

"경영 컨설턴트, 사업가, PPM(Project & portfolio Management) 전문가, 커리어 코치 같은 일을 하고 싶어요. 그게 아니면 귀농도 고려하고 있습니다."

그나마 하고 싶은 일이 있어서 다행이었다. 하지만 문제가 있었다.

"제가 하고 싶은 일은 현재 제가 하는 구매업무와 중첩되는 부분이 거의 없어요. 그것이 문제이고, 고민입니다. 제게 맞는 일인지 뭔지 정말 모르겠어요. 생각만 하고, 선뜻 선택하지 못해서 답답하기도 하고요. 그렇다고 지금 하는 일을 싫어하는 건 아니지만, 나중에도 그 일을 하고 싶진 않아요."

나는 그에게 간단한 AP 분석을 제안했다. 그가 정말 하고 싶은 일이 무엇인지 알고 싶었기 때문이다.

자기 강점을 선택하는 첫 번째 기준, 현재 능력

먼저, 경영 컨설턴트에 관한 현재 능력부터 짚어나갔다.

"경영 컨설턴트가 되고 싶다고 했는데, 현재 자신의 능력이 미래의 경영 컨설턴트로서 10점 만점에 몇 점 정도라고 생각하세요? 다른 하고 싶은 네 가지 일과 비교해서 점수를 매겨보세요."

이는 그 일을 위해서 현재 어느 정도 준비가 되어있는지 묻는 것이다. 아무런 준비 없이 원한다고 해서 무작정 그 일을 선택할 수는 없기 때문이다.

"5점쯤 된다고 생각합니다. 과장 시절 맡았던 업무가 그것과 관련 있었거든요. 비록 지금은 구매 쪽에서 일하고 있지만, 경영 컨설팅에 대해서 전혀 모르는 것도 아니라서 어느 정도 기본 지식은 갖추고 있다고 봅니다. 그러니 조금만 더 전문적인 내용을 배우면 충분히 가능성이 있다고 생각합니다."

매우 자신 있는 듯한 답변이었다.

"그렇다면 5년 후 사업을 시작한다고 했을 때 현재 준비 정도 혹은 능력은 10점 만점에 몇 점이라고 생각하세요? 역시 다른 하고 싶은 네 가지 일과 비교해서 점수를 매겨보세요."

사업은 '직장인의 로망'이란 말이 있듯이, 직장인이라면 누구나 꿈꾸는 미래 중 하나다. 하지만 그만큼 위험부담 역시 크다. 모든 일이 다 그렇지만, 확실한 준비가 없으면 그만큼 실패하기 쉬운 것이 사업이기 때문이다.

"2점쯤이요? 실은 어떤 사업을 하겠다고 구체적으로 생각해본 적이 없어요. 그저 막연한 바람이죠. 다만, 남이 아닌 나를 위해서 작게라도 뭔가 하고 싶은 생각만큼은 간절합니다."

이번에는 조금 자신이 없는 듯했다.

"PPM 전문가가 되기 위한 준비 상태는 어떻습니까? 역시 다른 하고 싶은 일들과 비교해서 점수를 매겨보세요."

PPM은 복합적인 포트폴리오 계획 수립과 분석, 사업 규모 가시화 및 시나리오 일반화, 계획화를 통한 투자의사 결정 지원을 하는 전문적인 솔루션으로 그만큼 복잡한 일이다.

"7점쯤 줄 수 있습니다. 지금은 구매부서에서 일하지만, 몇 년 전까지만 해도 직접 프로젝트를 진행하면서 툴을 다루고 운용했거든요. 나름대로 전문성도 인정받았고요."

한껏 자신감이 묻어났다.

"커리어 코치에 대한 준비는 어떻습니까? 역시 다른 것과 비교해서 말해주세요."

최근 청년층의 극심한 취업난과 장년층의 늘어난 평균수명 및 은퇴후 진로 고민 등이 늘면서 취업에 대한 관심이 그 어느 때보다 높다. '평생 직업 시대'의 진입과 함께 이런 경향은 더욱 심화할 것이다. 그에 맞춰 개인의 진로 설정을 돕고 필요한 능력을 키우도록 돕는 커리어 코치가 주목받고 있다.

"4점쯤 주고 싶습니다. 사실 차장으로 승진한 후 부쩍 관심이 생긴 분야라서 아직은 능력이 많이 부족합니다. 하지만 그동안의 경험을 살려서 다른 사람들에게 도움이 되는 일을 하고 싶습니다. 제가 직장인이다 보니 관심도 많이 가고요."

역시나 자신감이 한껏 묻어났다.

"마지막으로, 귀농은 어떤가요? 실질적인 준비가 어느 정도 되어 있나요?"

귀농은 직업보다는 사회적 은퇴라는 느낌이 강하긴 하지만, 요즘은 회사를 그만두고 전문적인 농업인으로 살아가는 사람이 적지 않다. 더욱이 도시농부니, 주말농장이니 해서 취미로 농사를 시작했다가 그것에 재미를 느껴 본격적으로 뛰어드는 사람도 꽤 있다. 바쁘고 정신없는 도시 생활보다 여유롭고, 자연과 더불어 살 수 있기에 심리적 만족감 역시 높기 때문이다.

"0점, 아니 잘해야 1점쯤 줄 수 있겠네요. 마음이야 굴뚝같지만, 실상 준비된 것은 하나도 없으니까요. 하다못해 집에서 상추 한 번 길러본 적이 없습니다. 하지만 TV에서 귀농에 성공한 사람들 이야기를 보면 나도 저렇게 살아야겠다는 생각이 간절합니다."

다소 멋쩍은 듯한 답변이었다.

이렇게 해서 그가 하고 싶은 다섯 가지 일에 관해 현재 능력을 점수로 환산해봤다.

앞으로 하고 싶은 일	현재 능력(A)
경영 컨설턴트	5
사업가	2
PPM 전문가	7
커리어 코치	4
귀 농	1

• 정 차장의 하고 싶은 일에 대한 현재 능력(Ability) 분석 •

이에 따르면, 정 차장은 PPM 전문가를 자기 강점으로 정하는 것이 가

장 유리해 보인다. 다른 일보다 높은 점수를 줬다는 것은 그만큼 자신 있
다는 뜻이기 때문이다. 하지만 아직 결정하기엔 이르다. P, 즉 열정 분석
이 남아 있기 때문이다.

03

열정이 높을수록
달성 가능성도 높다

　이왕이면 자기가 좋아하는 일을 해야 한다. 해야 하는 일보다는 잘하는 일, 의무감에서 하는 일보다는 열정적으로 할 수 있는 일이 자기 강점을 만드는 데 훨씬 유리하기 때문이다. 그런 점에서 일에 있어 열정은 매우 중요하다. 하지만 직업을 선택하는 데 있어 열정을 1순위에 올리기란 절대 쉬운 일이 아니다. 연봉이나 근무 환경, 회사의 명성, 고용의 안정성 등을 무시할 수 없기 때문이다. 직장인이라면 이 말에 충분히 공감할 것이다.

　그렇다고 해서 자기 강점을 선택하는 중요한 결정에서 열정이라는 변수를 외면해선 안 된다. 자기 강점 선택은 아무것도 모르는 상태에서 직장이나 직업을 구하던 것과는 확연히 달라야 하기 때문이다.

자기 강점을 선택하는 두 번째 기준,
열정

열정은 현재 능력과는 상관없이 일 자체에 대한 몰입도를 말한다.

앞서 능력(A) 분석의 경우와 마찬가지로 정 차장이 하고 싶은 다섯 가지 일에 관한 열정(P)을 알아보기 위해 순차적으로 질문을 했다.

"자, 이번에는 현재 능력과는 상관없이 경영 컨설턴트라는 일에 대해서만 집중해보세요. 경영 컨설턴트가 된 자신의 모습을 떠올리면 어떤 기분이 드나요? 당장 시작해도 좋을 만큼 설레나요? 그 마음을 10점 만점에 몇 점 정도라고 생각하세요?"

"4점 정도라고 생각합니다. 어느 정도 경험이 있어서 고려하고 있기는 하지만, 솔직히 경영 컨설턴트 업무 자체는 그리 좋아하지 않습니다. 그저 직업으로서 괜찮으니 관심을 두는 정도입니다."

딱히 열정보다는 괜찮은 직업이어서 관심이 간다는 말이었다.

"그러면 사업은 어떻습니까? 사업을 하게 된다면 열정적으로 임하실 것 같나요? 또 지금 당장 사업할 기회가 주어진다면 기분이 어떨 것 같습니까?"

"음… 그다지 가슴이 뛰지 않네요. 솔직히 제 성격이 사업을 할 만큼 적극적이지도 않을뿐더러 리더십이 출중한 것도 아니거든요. 뚜렷한 사업 아이템이 있는 것도 아니고요. 다만, 내 사업을 한 번쯤 해보고 싶다는 작은 희망 정도? 2점쯤 주겠습니다."

직장인이라면 누구나 한 번쯤 꿈꾸는 정도라는 의미였다.

"그러면 PPM 전문가는 어떻습니까? 현재 그것에 대한 능력이 가장 좋은데, 그런 만큼 일에 대한 열정 역시 높나요?"

"음… 역시 그다지 가슴이 뛰지 않네요. 그쪽에 가장 전문성이 있긴 하지만, 계속 그 일을 하고 싶으냐고 물으면 솔직히 아니라는 대답이 먼저 나오거든요. 1점 주겠습니다."

경험과 능력은 있지만, 딱히 열정을 느낄 만큼 흥미는 갖고 있지 않는다는 것이었다.

"커리어 코치는 어떻습니까? 가슴이 뛸 만큼 좋아하나요?"

"앞서 말씀드린 세 가지보다는 확실히 좋아합니다. 현재 실력이나 조건을 무시하고 선택하라면 가장 선택하고 싶을 만큼이요. 할 수만 있다면 그것을 제2의 경력으로 삼고 싶습니다. 7점 주겠습니다."

말투에서도 정말 하고 싶다는 바람이 묻어날 정도로 높은 열정이 느껴졌다.

"귀농해서 농사짓는 건 어떻습니까? 얼마만큼 그 일을 하고 싶나요?"

"솔직히 준비된 것은 전혀 없지만, 귀농한다고 생각하면 설레긴 해요. 중학교 때까지 시골에서 살아 농사일이 쉽지 않다는 건 잘 알지만, 그래도 고향에서 사는 건 좋으니까요. 다른 일을 택하더라도, 일에서 완전히 손을 뗀 뒤에는 꼭 내려가서 살고 싶어요. 그런 의미에서 5점 주겠습니다."

자기 강점으로 만들면 좋겠지만, 그게 아니어도 언젠가는 고향으로 내려가고 싶다는 솔직한 바람이었다.

이렇게 해서 정 차장이 하고 싶은 다섯 가지 일에 대한 열정의 정도를 점수로 매겨보았다.

앞으로 하고 싶은 일	열정의 정도(P)
경영 컨설턴트	3
사업가	2
PPM 전문가	1
커리어 코치	7
귀 농	5

● 정 차장의 하고 싶은 일에 대한 열정(Passion) 분석 ●

정리하면 그는 커리어 코치, 귀농, 경영 컨설턴트, 사업가, PPM 전문가 순으로 열정을 느끼고 있다. 하지만 여기서 끝내선 안 된다. 두 가지 평가를 종합해서 가장 적합한 강점을 선택해야 하기 때문이다. 방법은 간단하다. A와 P를 더해서 가장 높은 점수를 찾으면 된다.

정 차장의 A 분석표와 P 분석표를 합산해 정리하면 다음과 같다.

앞으로 하고 싶은 일	현재 능력(A)	열정의 정도(A)	합 계
경영 컨설턴트	5	4	9
사업가	2	2	4
PPM 전문가	7	1	8
커리어 코치	4	7	11
귀 농	1	5	6

● 정 차장의 하고 싶은 일에 대한 AP 분석 ●

　　　　　　최종적으로 정리한 정 차장의 AP 분석표를 보면 커리어 코치, 경영 컨설턴트, PPM 전문가, 귀농, 사업가 순으로 점수가 높은 것을 알 수 있다. 이 도표를 보는 순간, 정 차장은 막연했던 자신의 선택이 어느 정도 가시권으로 들어온 느낌이라고 했다. 마음속 저울질이 명확해진 것이다.

　그의 계획대로 라면 앞으로 그에겐 5년이란 시간이 주어진 셈이다. 그 5년 동안 커리어 코치가 되는 데 필요한 능력을 키워야 한다. 5년이면 충분한 시간으로 그 동안 현재 능력을 4점에서 8점으로 두 배 정도 키우면 된다. 그러면 AP 분석 점수는 15점으로 한껏 높아진다.

앞으로 하고 싶은 일	현재 능력(A)	열정의 정도(A)	
경영 컨설턴트	5	4	9
사업가	2	2	4
PPM 전문가	7	1	8
커리어 코치	8	7	15
귀 농	1	5	6

● 정 차장의 하고 싶은 일에 대한 향상된 AP 분석 ●

　비록 현재 능력은 4점밖에 안 되지만, 5년 정도 열심히 준비하면 분명 자신만의 강점을 만들 수 있다. 현재 능력이 조금 낮아도 열정이 높다는 것은 그만큼 달성 가능성도 높다는 것을 의미하기 때문이다.

이제 정 차장이 해야 할 일이 무엇인지 명확해졌다. 목표가 선명하면 달성할 방법은 걱정할 필요가 없다. 그에 비례해서 열정 역시 높아지기 때문이다.

5년이면 회사 업무에 집중하면서도 커리어 코치가 되기에 충분한 시간이다. 지금이라도 기회를 노려 인사과로 업무 전환을 꾀해도 되며, 그것이 어렵다면 스스로 관련 공부를 시작하면 된다. 주변 동료나 후배들이 커리어와 관련해서 어떤 부분을 고민하고, 궁금해하는지 관심을 두고 살펴본다면 분명 그 이전과는 다른 점들이 보일 것이다. 특히 그 부분을 유심히 살펴야 한다. 현장에서 벌어지는 문제들이 커리어 코치가 된 후 실제로 맞닥뜨리는 문제이기 때문이다. 퇴직 후 커리어 코치가 되겠다는 사람들이 가장 후회하는 부분이기도 하다. 따라서 현직에 있을 때 좀 더 생생한 정보를 확보해두는 것이 좋다. 그것 하나만으로도 목표에 대한 본전은 충분히 뽑을 수 있다.

만일 더 많은 정보와 학습이 필요하다면 전문가 강의나 세미나를 찾거나, 관련 서적을 꾸준히 읽어도 되며, 다른 사람들은 어떻게 코칭하는지 직접 찾아가서 상담받을 수도 있다. 그래도 더 공부하고 싶다면 야간대학원에 진학해서 학위를 받는 것도 좋은 방법이다. 방법은 여러 가지다. 목표가 없어서 하지 못할 뿐이다.

04

전직에도
나이 제한이 있다

"혹시 나이 제한이라도 있나요?"

기술직 분야 전직을 원하는 한 직장인이 물었다. 나는 바로 대답하기가 어려웠다. 듣자마자 실망할 것이 뻔했기 때문이다. 그런데도 어쩔 수 없이 이렇게 말해야만 했다.

"그렇습니다. 마흔이 기준입니다."

정보기술(IT) 분야 박사학위를 가진 마흔다섯 살 연구원을 만난 적이 있다. 그는 대학 졸업 후 한 대기업에 하드웨어 엔지니어로 입사해 10년 동안 일한 후 대학원에 진학해서 석·박사 과정까지 마치고, 지방에 있는 대학에서 몇 년 동안 강사로 일했다. 멋지게 경력 환승을 하고 완벽한 변신을 꿈꾸었지만, 뜻대로 되지 않았다. 지난해 학교에서 여러 가지 이유를 들며 더는 강의 연장이 어렵다고 통보해온 것이다. 현재 그는 모

연구단체에서 비정규직으로 일하며, 전직을 꿈꾸고 있다. 그러면서 나이 제한이 있는지 물었다.

"전혀 불가능하지는 않습니다. 하지만 기업에서 원하는 특별한 역량이 있는 경우가 아니면 기업으로부터 수임료를 받는 서치펌(Search firm)을 통해 전직하는 것은 쉽지 않습니다."

특별한 역량이라고 에둘러서 말하긴 했지만, 사실은 "나이 제한이 있다"라고 해야 했다. 역량은 그다음 문제였다. 물론 그쯤 되면 그 역시 어느 정도 눈치를 챘을 것이다.

많은 직장인이 자기 정도의 역량이면 아직 기업에서 필요로 하고, 충분히 입사할 수 있으리라 생각한다. 하지만 그것은 큰 착각에 지나지 않는다.

전직의 기준은
역량이 아닌 '나이'

"그래도 현직에 있을 때 찾아오길 잘했습니다."

경력 상담을 위해 나를 찾는 사람들 대부분은 퇴직자다. 그것도 혼자서 이런저런 고민을 하다가 뾰족한 수가 없을 때 마지막 끈이라도 잡는 심정으로 나를 찾는다.

매년 꼬박꼬박 정기검진을 받으며 몸 관리 하나는 잘하는 사람도 경력관리는 거의 중증이 되어서야 찾아온다. 정기검진에서 콜레스테롤 수치 하나만 높게 나와도 술, 담배를 멀리하며 운동 스케줄을 짠다고 야단법석을 떨면서 1년 후 퇴직을 당하게 될지도 모를 숨 가쁜 상황이 다가와도 나 몰라라 하는 것이다. 과연, 그 자신감은 어디서 오는 것일까.

누구나 퇴직하면 금세 알게 된다. 퇴직 후의 시간은 스스로 컨트롤할 수 없음을. 하지만 대부분 그 반대로 생각하고 있다. 퇴직하고 나면 여유롭게 쉬면서 뭔가를 깊이 생각할 시간이 있을 것이라고. 하지만 그것은 착각일 뿐이다.

밥벌이가 끊겼는데 여유를 부릴 수 있는 가장은 없다. 처음에야 가족들도 그동안 수고했다며 푹 쉬라고 하지만, 쉬는 시간이 길어질수록 무언의 압박을 가해온다.

마흔이 넘으면
전직도 어렵다

앞서 말한 연구원과 대화를 계속하다 보니 그가 정말 원하는 것은 전직이 아니란 생각이 들었다. 물론 전직이 급하긴 했지만, 그가 더 간절히 알고 싶은 것은 '미래에 할 수 있는 일'이었다. 즉, 자신의 미래 브랜드를 만들고 싶었던 것이다.

그걸 눈치챈 나는 그에게 AP 분석을 제안했다.

"혹시 아직 확신은 없지만, 앞으로 하고 싶은 일이 있나요? 그중에서 어느 정도 준비도 되어 있고, 마음 끌리는 게 있다면 몇 가지만 말해보세요."

"투자 전문가, 사무자동화(OA) 및 프레젠테이션 강연자, 진로 컨설턴트를 하고 싶어요. 투자에 관심이 많아서 직장생활을 하면서 틈틈이 공부했거든요. 그리고 아시다시피, 제가 최근 몇 년간 학생들을 상대로 강의를 했잖아요. 거기서 얻은 노하우가 있어서 강의에는 자신 있어요. 전공이 IT 쪽이다 보니 OA 강의나 프레젠테이션 전문 강의를 해보면 어떨까 싶어요. 또한, 제 경력을 되짚어보면 변화가 상당히 많다 보니, 그동안 고민했던 것을 바탕으로 학생들과 직장인, 은퇴 예정자들에게 진로 코칭을 해줬으면 좋겠다는 생각을 늘 해왔어요."

나는 그에게 하고 싶은 일에 대한 각각의 능력과 열정을 점수로 매겨보라고 했다. 그 결과, 진로 컨설팅에 대한 능력과 열정이 가장 높았다. IT를 전공한 박사가 전공 분야가 아닌 직장인 진로 컨설턴트에 높은 관심을 두고 있다는 것이 좀 의외이긴 했지만, 전혀 이해 못 할 바도 아니었다. 그 역시 직장인 생활을 오랫동안 했고, 그러면서 학위를 땄기에 누구보다 직장인이 느끼는 학력 갈증이나 경력개발에 관심이 많았기 때문이다.

다행스럽게도 그는 비정규직이긴 해도 일을 하고 있었다. 그런 만큼 일을 하면서 진로 컨설턴트로서의 역량을 키울 수 있는 시간을 확보할 수 있었다.

05

자신이 원하는
미래 자기 모습과 매일 만나라

반도체 트랜지스터 전기 특성을 측정하는 항목에 문턱 전압(threshold voltage)이라는 것이 있다. 문턱 전압이란 전압이 문턱을 넘어 온(on)되면 전류가 흐르고, 그렇지 않으면 오프(off)되어 전류가 흐르지 않는 현상으로 마치 스위치처럼 작용하는 전압을 말한다. 예컨대, 문턱 전압이 0.7볼트인 트랜지스터는 0.7볼트 이하에서는 전류가 통하지 않는 오프 상태를 유지하지만, 0.7볼트를 넘는 순간 급격히 전류가 흘러 온 상태가 된다.

문턱 전압과
자기 강점

직원 100명이 매출 150억 원을 하는 기업이 있는

반면, 직원 100명이 매출 300억 원을 하는 기업이 있다. 직원 100명이 매출 150억 원을 하는 기업의 직원 1인당 매출액은 1억5천만 원이다. 이 기업의 직원 평균 연봉이 5,000만 원이라면 1인당 자기 연봉의 3배를 회사에 가져다주는 셈이다. 반면, 직원 100명이 매출 300억 원을 하는 기업의 직원 1인당 매출액은 3억 원이다. 이 기업의 직원 평균 연봉 역시 5,000만 원이라고 하면 1인당 자기 연봉의 6배가 넘는 매출을 회사에 가져다주는 셈이다.

기업이 제대로 굴러가기 위해서는 직원들이 자기 연봉의 다섯 배 이상 실적을 내야 한다는 말이 있다. 그만큼 직원 개개인의 역량이 기업 발전의 핵심 요인인 셈이다. 그렇다면 직원 개개인이 자기 연봉의 다섯 배, 열 배를 벌어들이기 위해서 가장 필요한 것은 뭘까. 바로 '자기 업무의 강점화'가 아닐까 싶다. 업무를 통한, 업무를 위한, 업무에 의한 자기 강점을 키우는 것이다. 그런 점에서 직원의 자기 강점은 회사의 매출에 전류를 흐르게 하는 문턱 전압과도 같다.

직원들이 저마다 최소한 하나라도 잘하는 전문 분야가 있다면 조직의 입장에서는 이보다 더 좋은 경우가 없다. 조직과 직원 모두가 잘사는 행복의 길이기도 하다. 조직은 직원의 브랜드 파워로 인해 매출이 커지고, 직원은 조직으로부터 인정받고 제 실력을 발휘하게 되니, 그야말로 직장생활이 즐겁고 행복해진다.

문턱을 넘은 자기 강점이 눈덩이가 되는 데는 그리 오랜 시간이 걸리지 않는다. 자기 강점을 만들어 성공한 수많은 이들의 삶이 그것을 증명하고 있다.

문턱을 넘는 힘,
시각화와 멘토

　　　　　業務를 활용해서 자기 강점을 만들려면 수많은 시간과 노력이 필수다. 문제는 시간과 노력에는 한계가 있다는 것이다. 유한한 시간과 노력을 이용해서 최대 효과를 얻으려면 효과적인 집중이 필요하다. 그러자면 '시각화'와 '멘토 연구'가 필요하다.

　세계 곳곳의 아름다운 자연과 유서 깊은 문화를 만날 수 있는 TV 프로그램이 있다. 얼음과 불의 나라 아이슬란드, 태곳적 자연이 그대로 남아 있는 아시아의 섬, 예술가가 즐비한 유럽 골목 등을 보고 있노라면 나도 모르게 '한번 가고 싶다'라는 생각이 저절로 든다. 하지만 그때뿐이다. 다음 날 아침이면 까맣게 잊어버리며, 1~2주가 지나면 기억조차 하지 못한다. 한 달 정도가 지나면 그 프로그램을 봤다는 사실조차 까마득하다. 그 대신 또 다른 지구촌 어딘가를 소개하는 프로그램을 보면서 똑같은 생각을 반복한다.

　'꼭 저기에 가봐야지.'

　올 초 모 신문의 여행 기사를 사무실 책상 옆에 붙여놓은 적이 있다. 부산 해운대 동백섬 사진이 있는 기사였다. 매일 아침 출근하면 늘 그 사진을 보게 되었고, 그때마다 나는 사진 속으로 흠뻑 빠져들었다. 결국, 참다못해 얼마 전 그곳에 다녀왔다.

　매일 바뀌는 TV 속 아름다운 여행지가 비록 멋있어 보이기는 하지만, 나를 실제로 움직이진 못한다. 물론 시간이나 경제적 여건 등 다양한 이유가 있겠지만, 가장 큰 이유는 띄엄띄엄 봤기 때문이다. 그래서 책상 옆에 두고 매일 봤던 동백섬 사진처럼 나를 실제로 움직이게 하지 못한 것이다. 그런 만큼 실제 행동으로 이어지려면 연속성이 중요하다.

누구나 닮고 싶은 사람이 있다. 그런 사람을 '멘토'라고 하는데, 멘토 연구는 그를 일정 기간 철저히 연구하는 것이다. 즉, 하루에 하나씩 그에 관한 새로운 점을 기록하면서 배우고 따라 하는 것이다. 그런 점에서 자신의 미래 브랜드를 커리어 코치로 정했다면 그것으로 성공한 사람 중 한 명을 롤 모델로 삼아 그가 쓴 책을 집중적으로 읽거나 강연회에 참석하는 등 그에 관해 철저히 연구할 필요가 있다. 그가 즐겨 가는 곳을 알아내어 차례대로 방문해보고, 그가 애용하는 물건을 사용해보는 것도 좋다. 그렇게 해서 왜 그가 그 만년필만을 고집스럽게 사용하는지, 직업에 관해 어떻게 생각하고, 어떤 의미를 부여하는지 알아가는 것이다. 멘토를 알아야만 멘토를 닮고 넘을 수 있다.

문턱을 넘는데 '시각화'와 '멘토'는 꼭 필요하다. 탁월한 자기 강점이 있는 미래 자신의 모습을 그려서 책상에 붙여놓고 매일 만나자. 그러면 더욱더 자신의 길에 정진하고 싶은 욕구가 생길 것이다. 시각화와 멘토 연구는 의지를 다지고 계획을 실행하게 하는 힘이다.

06

상사라는 '벽' 뛰어넘기

올해로 직장생활 6년 차인 박 대리. 그는 상사 때문에 심한 스트레스를 느끼고 있다며 많은 불만을 쏟아냈다. 더는 상사와 함께 일할 수 없다고 했다. 시도 때도 없는 호출은 물론 감정을 상하게 하는 말이 그의 마음에 깊은 상처를 내었기 때문이다. 이제 막 일을 배우는 신입사원도 아니고, 1~2년 후면 독립적인 부서를 리드할 수 있는 과장급 정도의 경력을 갖고 있는데도, 매일 무시당하는 게 너무 괴롭고 힘들다고 했다.

나 역시 오랜 직장생활을 했기에 그 고통이 여실히 느껴졌고, 조금이라도 도움이 되고 싶었다.

"향후 10년 계획이 있습니까?"

갑작스러운 질문에 그는 잠시 머뭇거렸다. 없다고도 있다고도 하지 않았다. 뭔가 있는 듯했지만, 선뜻 대답하지 않았다.

"혹시 상사에게 배울 점이 있다면 무엇인가요?"

"전혀 없습니다. 자리 지키기가 유일한 특기입니다. 상사로서 어떤 리더십도 찾아볼 수 없습니다."

상사에 관한 질문이 나오자 그는 매우 단호하게 말했다.

"그렇다면 현재 어떤 생각을 하고 있나요?"

"회사를 옮기고 싶습니다. 그동안 많이 참았지만, 이제 한계예요. 정말이지 미칠 지경이에요."

사실 그는 두 번의 이직 경험이 있었다. 그런데도 서슴없이 또 회사를 옮기고 싶다는 말이 나왔다. 그럴 수밖에 없는 자신의 처지를 이해해달라는 표정과 함께.

상사에 대한
발상 전환하기

직장생활을 하다 보면 벽에 자주 부딪힌다. 벽은 사람일 수도 있고, 업무일 수도 있으며, 자기 자신일 수도 있다. 사람이 벽인 경우 대부분 상사인 경우가 많다.

어느 회사나 저돌적인 외통수 및 고집 센 사람이 있게 마련이다. 그들은 퇴근 시간이 훨씬 지나 회의를 소집해서 많은 직원 앞에서 인신공격을 일삼거나, 보고서 내용은 보지도 않고 틀린 글자를 귀신같이 찾아내 닦달하곤 한다. 온종일 보이지 않다가 퇴근 시간에 바람같이 나타나서 자리를 지키는 사람도 있다. 이런 사람을 상사로 둔 이들의 심정은 과연 어떨까. 당연히 직장생활이 즐겁지 않은 것은 물론 출근하기가 두려울 것이다.

적지 않은 직장인이 그런 상사의 덫에 걸려 신음하고 있다. 그 때문에 부서 이동을 요청하기도 하고, 심지어 회사를 그만두기까지 한다. 하지만 그것은 미봉책에 불과할 뿐 근본적인 해결책은 아니다.

인간은 합목적적 존재다. 목적에 맞게 행동하기를 원하는 존재인 것이다. 마이너스를 마이너스로 풀 수도 있지만, 마이너스를 플러스로 풀 수도 있는 것이 또한 인간이다.

상사의 독선 때문에 직장생활이 황폐해지는 것은 마이너스를 그대로 마이너스로 받아들인 결과이다. 따라서 마이너스를 플러스로 바꾸는 지혜가 필요하다.

발상 전환을 해보자. 까다로운 상사와 함께 있는 시간은 강해지기 위한 테스트를 받는 학습기라고 생각하는 것이다. 그러니 상사가 힘들게 할수록 학습효과가 좋아진다고 스스로 주문을 걸자. 자신의 내성을 강하게 만드는 절호의 기회로 삼는 것이다.

아무리 꼴 보기 싫은 상사나 자상한 형, 친구 같은 상사도 1~2년이면 바뀌게 마련이다. 나는 20년 직장생활을 하는 동안 15명의 직속 상사를 만났지만, 3년 이상 함께 한 사람은 거의 없다. 당시만 해도 퇴직 때까지 그 상사 밑에 있을 것만 같아서 암담하기 그지없었지만, 결국 이런저런 이유로 상사가 바뀌곤 했다.

사실 어느 곳으로 가건 상사는 있게 마련이다. 우리 속담에 "여우 피하려다가 호랑이 만난다"라고, 보기 싫은 상사를 피하려고 회사를 옮겼다가 더 괴팍한 상사를 만날 수도 있다. 무엇보다도 딱히 정해진 게 없는 상태에서 일단 상사부터 피하고 보자며 사표를 던졌다가는 더 위험한 상황에 맞닥뜨릴 수도 있다.

역으로 생각하면 상사 역시 내가 싫은데도 억지로 참는 것일 수 있다. 조직이란 그런 것이다. 모두가 내 마음에 들 수도 없고, 나 역시 모두의 마음에 들 수 없다. 그러니 놀기 위해서 직장에 다니는 것이 아닌 다음에야 그 정도 어려움쯤은 감수해야 한다. 나와 맞지 않는 상사라고 해서 피하려고만 하지 마라. 오히려 당당히 맞서서 자신을 강하게 만들어야 한다. 그 기간만 슬기롭게 넘기면 어떤 시련이나 어려움도 쉽게 극복할 수 있다.

늘 열린 문으로만 다닐 수는 없다. 잠긴 문이나 닫힌 문을 열어야 할 때도 있다. 문을 열기 위해서는 힘과 지혜가 필요하다. 인생의 단계마다 있는 닫힌 문을 열고 나오려면 더욱 그렇다. 산을 오르지 않고 먼 길을 갈 수는 없듯, 바다를 건너지 않고는 새 대륙을 만날 수 없다. 그런 점에서 까다로운 상사를 만나는 것은 훌륭한 스승을 만난 것과도 같다. 그런 상사로 인해 굳게 닫힌 문을 여는 지혜를 배울 수 있기 때문이다. 또한, 그런 상사 밑에 있을 때 오히려 자신의 실력이 크게 늘었음을 깨닫는 날도 온다.

상사라는 벽은 성공을 가로막기보다는 성공을 도와준다. 벽은 능력이 안 되는 사람을 거르는 필터 역할을 하기 때문이다. 경쟁자를 자연스럽게 차단해주는 것이다. 따라서 벽을 넘는 사람은 성공하고, 그렇지 않은 사람은 벽 앞에 남게 된다. 벽이 있어야만 자신의 능력을 검증하고 키울 수 있다. 또한, 상사라는 벽은 그를 뛰어넘는 내공을 쌓는 절호의 기회를 제공한다. 그러기까지는 다소 시간이 걸리지만, 보통 3년쯤 되면 자신이 얼마나 발전했는지 느낄 수 있다. 편한 직장생활은 편안함에 매몰돼 그만큼 발전이 더디다. 그러니 지금 당장은 편하다고 해서 즐거울지 모르지만, 언젠가는 분명 그 대가를 치르게 된다.

미꾸라지를 키우는 웅덩이에 메기 한 마리를 넣어 같이 키워야 미꾸라지가 튼실하게 자란다고 한다. 메기에게 물려 죽지 않기 위해서 죽을 힘을 다해 움직이다 보니 강해질 수밖에 없는 것이다. 벽이라고만 생각했던 상사가 나를 더 강하게 만드는 메기라고 생각하자. 힘든 시간을 견디기가 훨씬 수월해질 것이다. 아울러 상사를 대하는 태도 역시 바꾸자. 그와 함께 있는 동안 더욱 적극적이고 긍정적인 사람이 되는 것이다. 그로 인해 상사의 태도가 바뀐다면 좋겠지만, 그렇지 않아도 상관없다. 그동안 더 강한 내가 만들어질 테니까 말이다.

상사를 발판삼아
더 높이 뛰어올라라

똑같은 벽 앞에서 누군가는 희망을 품고, 누군가는 절망한다. 그건 벽을 어떻게 생각하느냐에 달려 있다. 벽을 뛰어넘고자 한다면 그 벽이 어떻든 전혀 문제 되지 않을 것이다. 작은 벽은 작은 벽대로 작은 성과를 안겨주고, 큰 벽은 큰 벽대로 큰 성공을 안겨주기 때문이다. 벽을 이용할 것인가, 벽에 막힐 것인가. 선택은 자기 자신에게 달려 있다.

"향후 10년 계획이 있습니까?"

이 질문에 박 대리는 선뜻 대답하지 못했다. 일견, 당연한 결과다. 지금은 상사를 피할 생각만 있을 뿐 미래 계획 같은 건 세우지 못했을 확률이 높기 때문이다. 당장 괴로움을 피하느라 정작 중요한 10년은 생각조차 하지 못한 것이다. 그 시간에 아이들은 더 자라고, 부모님은 더 연로해질 것이며, 그 역시 이뤄야 할 게 많을 텐데도 말이다.

상사에게 배울 점이 없다면 차라리 상사를 발판 삼는 것도 좋은 방법이다. 상사를 발판 삼아 더 높이 뛰어오르는 것이다. 그리고 나중에 이렇게 말하자.

"부장님 때문에 성공했습니다. 부장님이 싫어서 지지 않기 위해 열심히 노력했는데, 그게 지금의 저를 만들었습니다. 고맙습니다."

말단사원으로부터 시작해 성공한 기업의 임원이나 CEO가 된 사람들의 글이나 인터뷰를 보면 신입 시절 지독하게 굴던 상사 이야기가 빠지지 않는다. 그러면서 그들이 현재의 자신을 있게 한 힘이 되었다며 고마움을 표한다. 물론 그 이면에는 어렵고 힘든 시절을 슬기롭게 보낸 그들의 열정과 눈물이 함께 녹아 있다.

07

조직은 능력이 아닌
'역량' 있는 사람을 원한다

어떤 조직이건 적합한 인재를 필요로 한다. 그 때문에 신입사원 뽑을 때는 물론 승진 명단을 발표할 때, 프로젝트팀을 꾸릴 때도 인재의 적합성을 최우선으로 생각한다. 입사 및 승진 시험 역시 이런 면을 강화하는 추세로 변하고 있다. 예컨대, 입사 면접의 경우 이전에는 인성을 보거나 입사 후 포부, 장래 희망 등을 주로 물었다.

- 자기소개를 해보세요.

- 성격의 장단점을 말해보세요.

- 입사한다면 어떤 일을 하고 싶습니까?

- 상사와 의견이 다르면 어떻게 하겠습니까?

- 10년 후 우리 회사에서 자기 모습을 그려보세요.

하지만 지금은 조직에 '적합한 역량'이 있는지를 가장 먼저 살핀다.

- 지난 3년 동안 풀기 어려웠던 과제를 성공적으로 해결한 사례가 있습니까? 어떻게 해결했는지 말해보세요.
- 본인의 아이디어나 전략으로 일을 개선한 사례가 있다면 구체적으로 말해보세요.
- 상사와 갈등이 있었을 때 어떻게 효과적으로 해결했는지 예를 들어 말해보세요.
- 리더가 갖춰야 할 조건은 뭐라고 생각합니까? 그런 리더십을 발휘해 본 적이 있습니까? 구체적으로 말해보세요.
- 일을 진행하며 난관에 부딪혔을 때 어떻게 극복했습니까? 그것을 극복하기 위해 본인이 직접 취했던 행동이나 조치들이 있습니까?

한층 심층적인 질문으로 바뀌었음을 알 수 있다. 특히 과거 경험을 토대로 구체적인 사례를 요구하고 있다. 이는 더는 공개된 질문이나 양식으로는 조직에 적합한 사람을 선별할 수 없기 때문이다.

사실 이러한 질문에는 딱히 정답이 없다. 다만, 지원자의 다양한 경험과 사례를 통해 회사에 적합한지 아닌지를 판단하고 선발 기준으로 삼을 뿐이다.

실질적인 성과를 만드는 힘, 역량

조직에서 살아남으려면 조직이 원하는 역량을 제

대로 파악해야 한다. 예컨대, 단순히 어떤 것을 할 수 있는 능력이 있다고 해서 그 사람이 역량을 갖춘 것은 아니다. 능력과 역량은 얼핏 비슷해 보이지만, 확연히 다르다. 역량이란 개인이 가진 능력을 활용하여 직무에서 어떤 성과를 내는 것을 말한다. 베스트셀러 작가를 예로 들어보자. 베스트셀러 작가가 되려면 글솜씨가 필수다. 즉, 글쓰기 능력을 갖추고 있어야 한다. 하지만 능력이 있다고 해서 모두 베스트셀러 작가가 되는 것은 아니다. 글쓰기 능력이 아무리 뛰어나도 작품이 베스트셀러가 되지 않으면 '언젠가 베스트셀러 작가가 될 잠재력'을 가지고 있는 작가에 불과하다. 반대로 글쓰기 능력도 뛰어나면서 작품이 베스트셀러가 되었으면 '역량 있는 베스트셀러 작가'라는 평가를 받게 된다.

이렇듯 역량은 실질적으로 나타나는 결과를 의미한다. 따라서 '높은 성과를 내기 위해 안정적으로 발휘되는 능력' 혹은 '조직 내 성과가 높은 사람에게서 나타나는 개인의 내적 특성' 등으로 정의하기도 한다. 성과를 내기 위한 구체적인 행동 양식 및 행동 특성으로 '보이지 않는 차이를 만드는 힘'을 뜻하기도 한다. 따라서 역량은 개인에게 축적된 지식·기술·능력·태도의 집합적인 특성으로 직무나 업무의 성공적 수행과 연결되며, 리더십·육성력·팀워크·대인 이해력·유연성·셀프컨트롤·관계 구축력·자신감·조직 감각력·전문성 등으로 나타난다.

"일만 열심히 잘하면 됐지, 무슨 역량까지 신경 써야 해"라며 불평할 수도 있다. 그런데 역량은 일만 잘한다고 해서 저절로 길러지는 것이 아니다. 업무를 수행하는 데 있어 분명한 결과를 만들어내겠다는 의지와 실행이 따라야 하며, 그 실행의 결과 또한 성공적이어야 한다. 그래야만

'역량 있는 직원'으로 평가받을 수 있다. 실질적인 결과를 올림으로써 자신이 조직에 기여하고 있음을 보여줘야 하는 것이다.

　조직은 역량 있는 사람을 원한다. 그 때문에 아무리 열심히 일해도 결과를 내지 못하면 역량 부족 판정을 받을 수밖에 없다. 능력만으로는 부족하다. 프레젠테이션 능력이 아무리 뛰어난들 그것이 실질적인 성과로 이어지지 않으면 아무런 의미가 없다. 프레젠테이션 능력을 바탕으로 다른 사람과 협력하고 스스로 업무를 컨트롤함으로써 구체적인 결과가 나와야 한다. 그것이 곧 역량이다. 그러자면 주어진 일만 열심히 하겠다는 '근면적 사고'에서 확실한 결과를 만들어내겠다는 '성과적 사고'로 전환해야 한다. 나아가 성과가 왜 중요한지 체감한 후 어떤 역량을 키울 것인지 스스로 고민해야 한다.

08

어떻게 하면
역량을 키울 수 있을까

"지난 5년 동안 가장 성공한 실적은 무엇입니까? 그것을 어떻게 이루었습니까?"

이 질문에 자신 있게 대답할 수 있는 사람은 과연 얼마나 될까. 같은 회사에서 똑같이 5년을 보냈어도 이 질문에 대답할 수 있는 사람이 있는가 하면, 그렇지 못한 사람도 있다. 왜 그런 차이가 생기는 것일까. 바로 역량 차이 때문이다.

똑같이 5년이란 시간을 보냈는데도 누군가는 역량을 쌓는 반면, 누군가는 시간만 허비한다. 성과를 내기 위해 열심히 움직인 사람과 그저 자리 보신에만 힘쓴 사람의 차이다. 당신이 회사 사장이라면 누구를 승진시키겠는가.

직장생활을 하다 보면 직장생활 요령이나 기본적인 일 처리 기술은 자연스럽게 늘기 마련이다. 하지만 역량은 그렇지 않다. 회사에서 시간만 보낸다고 해서 역량이 저절로 쌓이는 건 아니기 때문이다. 성과를 내기 위해 목표를 세우고, 부지런히 배우고 실행하며, 협력해야만 역량이 쌓인다. 기본적인 실력도 중요하지만, 그 실력을 제대로 발휘하기 위해 판을 짜는 일 역시 중요하다. 예컨대, 판을 짜고, 그 판에 맞춰 구체적인 성과를 냈을 때 우리는 '역량을 발휘했다'라고 한다. 따라서 능력 있는 사람이 아닌 '역량 있는 사람'이 되기 위해 부단히 노력해야 한다. 비록 처음에는 어떤 역량을, 어떻게 키울 것인지 몰라서 막막하고 고민스러울 수도 있다. 그때는 주변 환경, 특히 사람들을 적극적으로 활용해야 한다.

회사 안에는 무수히 많은 사람이 있다. 그들이 누구건 가서 묻고, 배우고, 조언을 구하고, 따라 하기를 겁내지 말라. 그렇게 하다 보면 점점 길이 보이고, 자신이 집중적으로 키워야 할 역량이 무엇인지 확연히 보이게 된다.

묻고, 배우고, 조언을 구하고,
따라 하라

우리는 남을 가르치는 것을 좋아한다. 선배는 후배를, 상사는 부하를, 어른은 아이를 가르치고 싶어 한다. 반면, 남에게 배우는 것은 매우 싫어한다. 후배는 선배의 가르침에서, 부하는 상사의 가르침에서, 아이는 어른의 가르침에서 어서 빨리 벗어나고 싶어 한다. 남보다 아래에서 배우기보다는 남보다 위에서 가르치기를 좋아하기 때문이다.

실적으로 평가받는 직장 역시 마찬가지다. 하지만 뭔가 물어보고 싶어도 스스로 능력이 없다고 광고하는 것만 같아서 눈치 보일 때가 많다. 그러다 보니 동료나 윗사람에게 묻고 배우기보다는 아랫사람이나 후배에게 잔소리하며 가르치는 곳이 직장이다. 그렇다고 해서 모르는 것을 혼자 공부하고 넘어가는 것도 아니다. '어떻게든 되겠지'하고 그때그때 임기응변식으로 넘어가거나, 일이 닥쳤을 때 은근슬쩍 다른 사람에게 떠미는 식으로 해결하곤 한다. 과연, 그렇게 해서 역량이 키워질까. 절대 그럴 리 없다.

배우는 것을 겁내선 안 된다. 역량을 키우기 위해서는 배움에 관한 욕망을 가져야 한다. 승진할수록, 연차가 늘수록 더 많은 역량이 요구되고, 그만큼 더 많은 것을 알아야 한다. 바꿔 말하면, 더 많이 배우고 노력하는 사람일수록 역량이 커질 기회 역시 많다. 능력은 돈을 만들어주지만, 역량은 돈과 미래를 동시에 만들어준다. 배우겠다면 나를 제자로 기꺼이 받아줄 스승이 회사 안에는 무수히 많다. 사람들은 가르치기를 좋아하기 때문이다.

몸보다는
마음이 움직여야 한다

리더(leader) 역시 처음에는 따르는 자(follower)였다. 처음부터 리더였던 사람은 없다. 따르는 사람에서 시작해서 리더가 된 것이다. 그것이 순서다. 그런데 간혹 이런 평범한 사실을 회피한 채, 마치 처음부터 리더였던 것처럼 누군가를 가르치려는 사람들이 있다. 그래서는 불만과 갈등만 쌓일 뿐이다.

무조건 리더가 되려고 하기보다는 잘 따르는 사람이 되어야 한다. 실제로 잘 따르는 사람이 좋은 리더가 된다. 잘 따르는 사람일수록 넓은 마음으로 배우기 때문이다. 그만큼 아는 것도 많고 이해의 폭 역시 넓다. 또한, 그런 것들이 업무에서 역량으로 그대로 드러나 리더 자리까지 오르는 비결이 된다.

사실 능력이 부족해서 실적을 내지 못하는 경우는 매우 드물다. 처음부터 비슷한 능력치를 지닌 사원들을 뽑기 때문이다. 물론 개개인의 성향에 따라 적응력 및 일을 익히는 차이가 있기는 하지만, 애초에 그 정도면 충분히 업무를 따라올 능력을 갖췄다고 판단했기에 선발한 것이다. 그러니 적어도 출발선은 똑같다고 봐도 무방하다.

눈에 띄는 실적이나 성과는 눈에 보이지 않는 어떤 힘에 좌우되는 경우가 많다. 그것은 동료 및 관련 부서 사람들의 협조를 끌어내는 리더십일 수도 있고, 일을 신속하게 해치우는 신속함일 수도 있으며, 겁내지 않고 계획을 세워 착착 일을 진행하는 추진력일 수도 있다. 이런 보이지 않는 힘에 능력이 합쳐져서 역량이 만들어진다.

개인의 역량은 배우려는 자세에서 시작된다. 그 때문에 역량을 키우려면 진심을 다해야 한다. 마음으로부터 배우겠다는 생각이 들어야만 몸이 그것을 얻을 수 있기 때문이다. 마음이 움직여야, 손발이 움직이는 법이다. 머리로만 생각해서는 마음이 움직이지 않는다.

모르는 것이 있으면 몰래 공부라도 해서 도와주고 싶은 것이 인지상정이다. 마찬가지로 마냥 겸손하고 진지하게 묻는 후배를 보면 하나라도 더 가르쳐주고 싶은 것이 선배의 마음인 것이다. 진심으로 배우겠다는 욕망을 갖고 선배와 상사에게 다가가라. 자기보다 능력이 뛰어난 동료에게 묻는 것 역시 겁내선 안 된다. 자기 강점을 갖고 싶은 사람이라면 더욱 그래야 한다.

어떤 일이건 역량이 중요하다. 자기 강점 역시 마찬가지다. 역량 없이는 절대 이루어질 수 없다.

일에 대한 욕심이
역량을 키운다

역량 있는 직장인이 성과도 낸다. 그러자면 욕구를 느껴야 한다. 즉, 높은 성과를 내려는 욕심을 갖고 적극적으로 움직여야 한다. 주어진 업무만 잘 처리하는 것만으로는 역량 있는 사람이 절대 될 수 없다.

욕망 없는 직장인은 없다. 누구나 연봉이 100만 원이라도 더 오르길 바라고, 금수저처럼 빠르게는 아니라도 남 못지않게 승진하기를 바란다. 상사가 내 능력을 인정해줬으면 하고, 경쟁자보다 최소한 반 발짝이라도 앞서 나갔으면 한다. 또한, 잘리는 일 없이 무사 무탈하게 회사생활을 하고 싶은 마음 역시 욕망의 표현이다.

욕망이나 욕구 없는 직장인은 없다. 따라서 개인적인 욕구 없이 일을 잘하는 직장인이란 절대 있을 수 없다.

직장생활에서 개인의 욕망은 역량을 키우는 힘이 된다. 결국, 직장인은 조직에서 일을 통해 역량을 키울 수밖에 없다. 그러자면 일에 대한 욕심이 필요하다. 욕심이 일에 대한 자세를 더욱 열정적으로 만들기 때문이다.

실수와 실패를 두려워하지 마라. 용기 있는 사람만이 운명의 길을 개척할 수 있다. 나는 흘러간 과거에 매달리지 않고, 아직 오지 않은 미래를 개척해 나갔다. 넘어질수록 멀리, 크게 보라.

__ 칭기즈칸, 몽골 제국 건국자

PART 4

10년에 한 번씩 커리어 로드맵을 그려라

자기 브랜드를 완성하는 스마트한 시간 관리 전략

자기 브랜드를 완성하려면 몇 가지 전략이 필요하다. 될 수 있으면 기존 직장에서 장기근속하면서 만들어가는 것이 가장 바람직하고 유리하지만, 때에 따라서는 이직이나 전직하는 것이 더 나을 때도 있다. 그럴 때는 '줄탁동시'를 해야 한다.

자기 강점을 만들려면 몇 가지 전략이 필요하다. 될 수 있으면 기존 직장에서 장기근속하면서 만들어가는 것이 가장 바람직하고 유리하지만, 때에 따라서는 이직이나 전직하는 것이 더 나을 때도 있다. 그럴 때는 '줄탁동시(啐啄同時)'를 해야 한다.

삼칠일(아이를 낳은 지 스무하루째 날)을 기다리고 준비한 끝에 알에서 병아리가 부화하는 순간, 병아리가 안에서 쪼는 것을 '줄(啐)'이라고 하고, 밖에서 어미 닭이 그 소리를 듣고 화답하는 것을 '탁(啄)'이라고 한다. 즉, 병아리가 알에서 나오려면 안에서는 병아리가, 밖에서는 어미 닭이 서로 쪼아야 한다.

__ '커리어 로드맵이 있어야 한다'에서

01

60대의 삶은
마흔두 살에 결정된다

흔히 숫자 '7'은 행운의 숫자로 알려져 있다. 러키 세븐!

가만히 살펴 보면 구구단 7단은 우리 삶과 밀접한 관계가 있다. 그래서일까. 선견지명의 숫자처럼 보이기도 한다. 그 숫자가 의미하는 뜻을 제대로 알기만 한다면 인생이 바뀔 수도 있기 때문이다.

구구단 7단에 담긴

인생의 의미

7×1＝7. 10대의 삶은 일곱 살을 어떻게 보냈느냐에 따라 달라진다. 앞의 7은 구구단 7단을 의미한다. 또한, 가운데 숫자 1은 10대를 의미하며, 마지막 숫자 7은 나이를 의미한다. 이를 해석하면 10대 즉, 10~19세에 이르는 초등학교에서 고등학교까지의 기간을

의미 있게 보내려면 일곱 살이 중요하다는 뜻이다. 특히 부모의 역할이 중요하다. 부모의 마음과 자세에 따라 아이의 일곱 살이 달라지기 때문이다.

7×2=14. 20대의 삶은 14세 즉, 중학교 시절을 어떻게 보냈느냐에 따라 달라진다. 중학교 시절 교육이 20대를 좌우하기 때문이다. 그런 점에서 이 시기는 "리더(Reader)가 리더(Leader)를 만든다"는 말이 꼭 들어맞는 시기다. 따라서 고전과 양서를 비롯한 다양한 분야의 책을 읽는 일에 심혈을 기울여야 한다. 미래 리더가 되는 데 있어 독서는 매우 중요한 역할을 하기 때문이다. 또한, 14세 중학생에게는 일류대학보다는 일류 학과, 일류 학과보다는 무엇을 할 것인지를 곰곰이 생각하는 것이 더 필요하다. 그러므로 영어 · 수학에만 몰입하기보다는 자기 강점이 무엇인지 먼저 파악하고, 왜 영어 · 수학을 공부해야 하는지 그 이유를 알아야 한다.

7×3=21. 30대의 삶은 21세부터 시작된다. 지금은 고등학교 졸업자 대부분이 대학에 진학한다. 대학이 더는 전문 고등교육기관이 아닌 중학교나 고등학교처럼 꼭 다녀야 하는 평범한 교육기관이 된 것이다. 세계 최고 수준의 등록금을 내기 위해 허리가 휘도록 일과 공부를 병행해야 하지만, 30대의 삶은 그리 화려하지 않다. 그 때문에 전 국민의 학사화가 된 현실에서 리더로 살고 싶다면 또 다른 전략이 필요하다. 그러자면 30대의 삶은 21세부터 만들어지고 있음을 인정하고, 특별한 대학 4년을 보내야 한다. 취업에 필요한 스펙을 만들기에도 부족한 시간이지

만, 그것은 어찌 보면 스스로 방향이 없음을 인정하는 것과도 같다. 그보다는 자신의 재능과 강점을 키우는 데 몰두해야 한다. 그렇게만 한다면 30대에 서서히 두각을 나타낼 수 있다.

7×4=28. 40대의 삶은 첫 직장이 결정되는 스물여덟 살 즈음에 결정된다. 어디서, 어떤 일로 사회생활을 시작하느냐에 따라 12년 후 40대의 삶이 크게 달라지는 것이다. 공무원처럼 정년이 보장되는 일이라면 40대는 그저 지나가는 과정에 지나지 않을 수도 있다. 하지만 그렇지 않은 대부분 사람은 미래에 대한 고민에 빠진다. 이직할까, 전직할까, 잠시 쉬었다가 다른 일을 해볼까, 그게 아니면 여행이라도 다녀올까 등.

스물여덟 취업준비생에게는 취업이 절대 과제지만, 40대 직장인에게는 그렇지 않다. 취업이 문제가 아니라 남은 인생이 문제이기 때문이다. 그래서 자꾸 다른 마음이 들어 퇴직과 전직을 반복하기도 한다. 물론 전직으로 자신의 길을 바로 찾아가는 사람도 있지만, 대부분 혼란만 가중될 뿐이라는 걸 뒤늦게 알게 된다.

첫 직장에 집중해야 한다. 특히 첫 직장이 마음에 드는 곳이라면 그건 정말 행운을 잡은 것과도 같다. 문제는 첫 직장이 마음에 들지 않는 경우 어떻게 해야 하는가이다. 마음에 들지 않는 이유는 사람 수만큼이나 다양하다. 이때 기억하면 좋은 것이 1, 3, 5 홀수 법칙이다. 아무리 힘들어도 1년은 버티고, 1년이 무사히 지나갔다면 3년까지 버텨보는 것이다. 일단 최소 5년은 집중해봐야 한다. 하지만 입사 후 채 1년도 안 되어 퇴직하는 사람이 많다는 사실은 그만큼 40대에 방황할 확률이 높음을 의미한다. 아무리 뒤떨어져 보이는 회사도 사장 입장에서 보면 배울 것이 매우 많다는 걸 알게 된다. 그러니 최소 3년은 노력한 다음, 그다음을 생각해야 한다. 집중하면 답이 나온다.

7×5=35. 50대의 삶은 서른다섯 살에 어떤 목표를 갖고 있었느냐에 따라 달라진다. 15년 후의 인생 목표를 갖고 있다는 것은 그만큼 치열한 삶을 살고 있다는 방증이다. 그 치열함이 행복한 50대를 만든다.

사실 서른다섯 살에게 두려움은 없다고 해도 과언이 아니다. 당당함과 자신감으로 가득 찬 인생의 정점에서 어떤 두려움을 느끼겠는가. 회사에서 능력도 인정받고, 좋은 사람을 만나서 결혼도 하고, 아이도 낳는 등 그야말로 거칠 것이 없다. 그들은 오늘을 즐기며, 최고 정점의 삶을 거침없이 뛰어다닌다. 하지만 서른다섯이 넘으면서부터 인생이 달라지기 시작한다. 그 당당함이 언제까지 지속할지 몰라 두려움을 느끼는 사람이 있는가 하면, 조금씩 성취감을 느끼면서 희망의 청사진을 그리는 사람도 있기 때문이다.

40대 중반에 50대를 준비하는 것은 누구나 할 수 있는 일이다. 하지만 서른다섯에 50대를 준비하고 계획하는 것은 아무나 할 수 있는 일이 절대 아니다.

15년 장기 목표를 수립하는 서른다섯 직장인이 되어야 한다. 목표는 시간을 조절하고, 시간은 인생을 조절한다. 단기목표만을 따라가다 보면 샛길로 빠지기에 십상이다. 15년이면 인생에서 큰 획을 그을 수 있고, 의미 있는 목표를 달성하기에 충분한 시간이다.

7×6=42. 60대의 삶은 마흔두 살을 어떻게 보냈느냐에 따라 달라

진다. 살다 보면 40대 초반부터 40대 중반까지는 인생의 하프타임임을 타의 반 자의 반 알게 된다. 그것은 자신의 의지라기보다는 외부의 환경에 의한 것인 경우가 많다.

'이렇게 살아서는 안 되는데, 뭔가 준비해야 하는데'라는 생각을 한 번도 해보지 않는 40대는 거의 없을 것이다. 하지만 생각만으로는 아무것도 변하지 않는다는 것이다.

땅에 넘어져야 땅을 짚고 일어서듯, 명예퇴직이나 퇴출을 당해봐야 '살기 위해서' 다시 일어서는 경험을 하게 된다. 그래서 40대 초 · 중반의 퇴출은 병보다는 약이 되는 경우가 많다. 50대 넘어서 퇴출당하면 일어서기가 힘에 부치는 경우가 많지만, 40대 초는 아직 넘어져도 다시 일어설 가능성이 높기 때문이다.

42세의 시작이 60대의 멋진 인생을 만들어가는 초석이 된다. 인생 전반전을 망쳤더라도, 42세를 어떻게 잡느냐에 따라 인생 후반전에 꽃을 피울 수도 있기 때문이다. 따라서 자신이 정말 하고 싶은 분야를 택해서 학습 기회를 만들고 장기전에 돌입해야 한다. 아직 직장에서 일하고 있을 때가 기회다. 하고 싶은 일을 서서히 준비하자. 목표가 생기면 시간은 샘물처럼 솟아오른다. 다시 시작하는 방법을 익히고 선택하는 방법만 익힌다면 60대에 그 꽃이 화려하게 피어날 수 있다.

7×7=49. 70대의 삶은 마흔아홉을 어떻게 보냈느냐에 달려있다. 마흔아홉에 명예퇴직, 건강, 가족이라는 삼재를 무리 없이 넘기면 70대까지는 별 무리가 없다.

누구나 살면서 몇 번씩은 넘어진다. 넘어지지 않는 사람은 없다. 그러니 명예퇴직 당했다고 해서 삶이 끝나는 것도, 사고를 당했다고 해서 나머지 생을 포기해야 하는 것도 아니다. 사랑하는 가족을 잃었다고 해서 삶을 포기해야 하는 것도 아니다. 그럴수록 스프링처럼 다시 일어나야 한다. 이제 겨우 인생의 반을 왔을 뿐, 아직도 반이나 남아 있다. 그 반의 시작에 감사하며, 인생 이모작을 시작하는 나이가 바로 마흔아홉이다.

7×8=56. 행복한 80대를 원한다면 특별한 56세를 보내야 한다. 56세까지 직장을 다니면 도둑놈이라고 할 만큼 일하기가 힘들어졌지만, 56세에도 자신이 하는 일에 도가 트지 않으면 80세까지도 먹고사는 일에 매달려야 한다. 이미 퇴직했어도, 퇴직 준비를 하고 있어도, 아직 퇴직이 멀었어도 마찬가지다. 적어도 56세까지는 내세울 만한 자기 강점을 만들어야 한다. 하지만 자기 강점이 없다고 해도 아직 희망은 있다. 90세가 되기까지는 30년이라는 긴 시간이 남아있기 때문이다. 56세부터 새로운 것에 도전해도 절대 늦지 않다.

7×9=63. 90대 삶은 예순세 살부터 시작된다. 60대 초반부터 연금이 나온다고 할 경우 안정적인 제2, 제3의 진짜 인생이 시작된다. 90세 인생의 완성은 은퇴 후 63세에 시작되는 일에 의해 마무리된다.

예순넷에 자신의 64번째 저서를 쓴 한 작가는 '아직도 소년'이라고 자신을 소개하면서 이렇게 말한 바 있다.

"100세 인생으로 봤을 때, 나이 65세는 아직 소년기이고, 70은 되어야 청년, 80세여야 성년기라고 부를 만하다."

02

삶의 방향을 정해놓고
시간을 소비해야 한다

직장인의 출근 시간은 그야말로 분주하기 그지없다. 잠자리에서 일어나기가 무섭게 서둘러서 집을 나서야 하고, 지하철역 에스컬레이터에서도 뛰다시피 해야 한다. 또한, 내릴 때가 되면 재빨리 내려서 계단을 뛰다시피 해야만 환승 지하철을 놓치지 않는다. 그나마 배차 간격이 정확한 지하철은 사정이 낫다. 버스는 한 대를 놓치면 언제 뒤차가 올지 모른다. 그러니 체면 불고하고, 무작정 구겨져 타야 한다. 차를 끌고 출근한다고 해도 별반 다를 바 없다. 다른 사람과 부대끼는 면이 없어 편할지 몰라도 한없이 밀리는 차량 때문에 온 정신을 집중해야 한다.

이렇듯 아침마다 출근 전쟁을 치러야 하다 보니, 뭔가 생각할 겨를이 없다. 어떻게 하면 빨리 회사에 도착할까, 어떻게 하면 편하게 자리에 앉아서 갈까, 어떻게 하면 앞차를 제치고 빨리 갈 수 있을까, 하는 생각뿐이다. 직장인의 아침은 이렇게 피곤하다.

시간의 주인이
되어라

출근했다고 해서 상황이 달라지는 것은 아니다. 여전히 분주하다. 실시간으로 전달되는 수많은 정보에 정신이 없을 지경이다.

가끔 종달새처럼 트위터도 해야 하고, 인터넷 카페에 들어가 회원들과 주말 산행에 대해 상의도 해야 하며, 블로그에 누가 댓글을 남겼는지 확인도 해야 한다. 온라인 주식시장에 들어가 주식 동향도 파악해야 하며, 카드비나 대출 이자가 잘 빠져나갔는지 인터넷으로 계좌확인도 해봐야 한다. 주말에 찍은 디지털 사진을 현상하기 위해 메모리 정보도 보내야 하고, 온라인 쇼핑몰에서 구매한 상품의 배송상황도 점검해봐야 한다. 가끔 울리는 문자메시지 알림에 메시지 확인도 해야 한다. 이렇게 중요한 개인적인 용무가 끝나야 비로소 업무를 시작할 수 있다.

1980년대 중반 내가 다녔던 회사는 90여 명이 함께 쓰는 대형 사무실에 컴퓨터가 딱 두 대뿐이었다. 한 대는 엔지니어 계산용이었고, 한 대는 고급 문서 작성용이었다. 지금이야 직원 책상마다 컴퓨터가 한 대씩 놓여 있는 게 당연한 일이지만, 당신 직원들의 책상에는 컴퓨터 대신 재떨이가 자리하고 있는 게 일반적이었다.

출근하면 가장 먼저 두툼한 업무수첩을 펼쳤다. 하지만 달리 할 일이 있는 건 아니어서 조용히 일과를 준비하거나 신문을 펼쳐 보곤 했다. 그것도 아니면 아침부터 상사의 꾸중을 듣던지. 그런데 요즘은 출근하자마자 다른 일을 하느라 정신이 없다.

　잠실대교 중간에서 전철이 멈추면 채 10분도 되지 않아 전 국민이 그 사실을 알게 된다. 인터넷·온라인 방송·스마트폰을 통해 실시간으로 상황을 공유하기 때문이다. 페이스북·트위터·카카오톡·인스타그램·링크나우 등으로 속속 입수되는 정보는 24시간 우리와 함께 한다.

　스마트폰을 10분 이상 밀어 놓기 역시 쉽지 않다. 그러다 보니 항상 대기 상태다. 스마트폰이 아닌 우리가.

　중요한 것은 시도 때도 없이 들어오는 그 방대한 정보 중 실상 쓸모 있는 것은 거의 없다는 것이다. 대부분 일에 대한 몰입과 진행을 방해할 뿐이다. 말초적인 재미와 의미 없는 정보 속에 정작 중요한 시간만 속절없이 흐른다.

　그 시간은 더는 내 시간이 아니다. 바람처럼 허공으로 흩어져버리는 무의미한 흐름에 불과하기 때문이다. 내가 이렇게 나와 상관없는 정보로 시간을 허비하고 있는 동안 누군가는 진짜 의미 있는 정보에 집중해서 출세도 하고, 돈도 번다. 내가 업무 능력이 떨어져 위태위태해지는 동안 누군가는 점점 부자가 되고, 더 쓸모없는 정보로 나를 흔들어 놓는 것이다.

　지금 이 시각의 주인은 누구인가. 세상 모든 소식을 내가 다 알도록 나를 방치해서는 안 된다. 일주일만 지나면 기억조차 나지 않을 저급한 정보에 너무 많은 시간을 소비하지 말자. 그런 상황에서 역량을 발휘하기란 불가능할 뿐만 아니라 자기 강점을 키우는 것 역시 요원할 뿐이다.

　시간 주권을 상실해서는 자기 강점을 절대 만들 수 없다. 시간의 주인이 되지 못하면 미래 자기 강점을 포기해야 하는 것이다. 더는 타인의 지휘에 나를 춤추게 하지 마라.

방향 없는 소비는
무의미할 뿐

시간은 스칼라(scalar, 방향은 없고 크기만 있는 물리량)가 아니라 벡터(vector, 크기와 방향 모두 가지고 있는 물리량)가 되어야 한다. 방향성 없이 시간을 보내는 것은 스칼라적 삶이다. 온종일 뭔가를 열심히 했는데 남는 것이 없다면 스칼라적 시간을 보낸 것이다. 그러니 출근 후 바로 업무를 시작하지 못하고 다른 일에 시간을 허비하고 있다면 즉시 '그만!'이라고 외쳐야 한다.

시간의 소비와 축적에는 방향성이 있어야 한다. 그래야만 의미 있는 삶을 살 수 있다. 그러자면 스칼라적 시간이 아닌 벡터적 시간을 살아야 한다. 방향을 정해놓고 시간을 소비해야 하는 것이다. 목표는 벡터적 시간을 보내는 데 필수적이다.

시간은 크로노스(cronos) 시간과 카이로스(kairos) 시간으로 나뉜다. 크로노스 시간은 정해진 시간으로 누구에게나 공평하게 주어진다. 단 1분이라도 남의 것을 빼앗을 수도 없고, 내 것을 빼앗길 수도 없다. 하루 24시간은 누구에게나 공평하다.

그에 반해, 카이로스 시간은 의미 있는 시간을 말한다. 즉, 의식적·주관적인 특정한 시간을 의미한다. 예컨대, 1시간은 60분이라는 크로노스 시간 중에 자신에게 의미 있는 시간이 20분이었다면, 그 20분은 카이로스 시간이다. 카이로스는 기회를 만들어내는 시간이다. 의미 있는 삶은 연속적으로 흘러가는 크로노스의 합이 아닌 카이로스의 합이 만든다.

또한, 시간은 레드타임과 블루타임이 있다. 레드타임은 오늘을 위해 사는 시간이며, 블루타임을 내일을 준비하는 시간이다. 레드타임은 경쟁자와 피 터지게 경쟁하는 시간이며, 블루타임은 자기 자신과 치열하게 경쟁하는 시간이다. 레드타임은 월급을 위해 살아가는 정신없는 시간이고, 블루타임은 미래 자기 강점을 만들어가는 뜨거운 시간이다. 레드타임 속에서 블루타임을 만들어야 한다. 블루타임의 전략이 미래 커리어를 바꾼다.

스칼라적 시간에서 벡터적 시간으로 전환해야 한다. 크로노스 시간에서 카이로스 시간을 찾아야 한다. 레드타임에서 블루타임을 구해야 한다. 시간의 주인이 되면 내 지휘에 맞춰 시간이 움직일 것이고, 미래 커리어와 자기 강점 역시 더욱 공고해질 것이다.

03

깨진 시간의 법칙

"한눈팔지 말고, 바로 일할 수 있도록 하자."

출근하면서 몇 번씩 다짐하곤 한다. 컴퓨터를 켜는 순간까지도 긴장을 늦추지 않는다. 컴퓨터가 부팅되는 시간을 이용해서 재빨리 커피 한 잔을 탄 후 회사 메일함으로 직행하면 일단 성공이다. 메일 확인 후 중요한 순서대로 처리하면 된다. 그런데 메일함을 빠져나오는 찰나, 포털사이트 메인 화면이 눈에 들어온다. 어제 프로야구 경기 결과에 관한 기사다. 마침 어제 경기를 보지 못해 결과만 확인하자는 마음으로 클릭한다. 기분 좋게도 응원하는 팀이 대승을 거두었다. 거기서 끝내야 하는데, 수훈 선수가 누구인지, 어떤 인터뷰를 했는지 궁금증을 참지 못하고 다시 마우스를 클릭한다. 이제 그만해야 한다는 걸 알기에 시간을 확인하지만, 마우스는 점점 더 재미있는 기사와 사진 속에서 헤어나질 못한다. 1분이

10분이 되고, 10분이 30분이 되고, 순식간에 한 시간이 지나간다.

"에잇, 어차피 이렇게 된 거 10시 반부터 업무에 집중하자."

그렇게 해서 나름의 유예시간을 두고 더욱 잡다한 것에 집중한다. 그러다가 11시가 되고, 결국 오전 시간은 다 갔으니, 점심 후에 열심히 하자로 다시 생각이 바뀐다. 매일 반복되는 수많은 날 중에서 오늘 한두 시간 동안 논다고 해서 달라질 것은 없기 때문이다.

점심 후 자리에 앉는다. 그제야 오늘까지 끝내야 할 일의 양이 만만치 않다는 생각이 번쩍 든다. 야근해야 할지도 모른다는 생각이 들자 갑자기 짜증이 나기 시작하면서 자신이 한심하게 느껴진다. 그 기분에 빠져 있다 보니 또다시 업무는 뒷전으로 밀려난다. 빨리 감정을 수습하고 업무에 집중해야 하는 데도 말이다.

한 번 시간이 깨지면
연속해서 깨진다

오전에 한 시간이 날아가면 하루가 통으로 날아간다. 해야 할 일을 제때 못한 관계로 일이 밀리고 밀려서 제대로 끝맺지도 못하고 하루가 지나가기 때문이다. 그날이 마침 월요일이면 한 주가 그렇게 무의미하게 지나갈 공산이 크다.

'깨진 유리창 법칙'이란 것이 있다. 깨진 유리창을 그대로 방치하면 사람들이 관리 소홀을 틈타 그곳에서 범죄를 저지른다는 이론이다. 시간 역시 마찬가지다. 한 번 시간이 깨졌다고 해서 방치하면 연쇄적으로 시간이 깨진다. 오전엔 시간이 많아서 아무 생각 없이 깼던 것을, 오후에는 시간이 없다는 핑계로 깨고 만다. 신입사원 때는 시간이 남아서 깼다가 부장이 되면 시간이 없어서 깨고 만다.

혹시 지금 남은 인생이 길다고 해서 시간을 함부로 쓰고 있지는 않은가? 그렇다면 자신의 삶을 한 번쯤 되돌아볼 필요가 있다.

04

하루 1%의 시간이
삶을 바꿀 수도 있다

Q : 우리는 지금까지 시간 관리에 관해서 귀에 못이 박이도록 들어왔다. 하지만 시간 관리만 잘한다고 해서 모든 것이 잘될까? 또 시간 관리는 왜 해야 할까?

A : 시간 관리는 행복한 삶과 성공을 위해서 꼭 필요하다. 학생들은 학교에서, 직장인은 직장에서 각각 학습 역량과 직무 역량을 높이기 위해서 시간을 관리해야 한다. 역량이 커져야 자기 주도적인 사람이 되고, 자기 통제가 되면 삶이 즐거워지기 때문이다. 삶이 즐거워야 행복을 느낄 수 있다. 삶이 즐거워야 성공 역시 가까워진다.

그렇다면 어떻게 하면 시간을 스마트하게 관리할 수 있을까.

<u>삶을 바꾸는</u>
<u>스마트한 시간 관리법</u>

● 출근 후 8시간은 회사 일에만 집중하라

이 시간은 직장에서 근무하는 시간으로 매우 중요하다. 직장인은 업무에서 답을 찾아야 하기 때문이다. 사실 회사에서 하는 일 가운데 중요하지 않은 일은 거의 없다. 그 안에서 자기 강점을 찾아야 한다. 월급을 받으면서 자기 강점을 만들 수 있는 곳은 직장이 유일하다. 업무에서 자기 강점을 찾으면 업무 달성 속도가 두 배 이상 빨라질 뿐만 아니라 업무 집중도 역시 좋아져 실적이 크게 올라간다. 그렇게 되면 나머지는 저절로 따라온다. 연봉도, 승진도, 실력도, 리더십도, 명성도, 그리고 미래도.

● 출근 전, 퇴근 후 8시간 활용하기

출근 후 여덟 시간은 회사가 주인인 시간이지만, 퇴근 후 여덟 시간은 오롯이 내가 주인이 되는 시간이다. 출근 후 여덟 시간 동안 회사 일에 집중해서 자기 강점을 키웠다면, 퇴근 후 여덟 시간은 자기 강점을 키우기 위한 전략에 집중해야 한다. 어영부영하다가는 그 시간 역시 순식간에 사라지고 만다.

우선, 어떻게 여덟 시간이 나오는지 계산해보자. 오전 9시 출근이라면 출근 전 6시부터 8시까지 활용 가능한 시간이 두 시간 있는 셈이다. 여기에 오후 6시에 퇴근한다면 12시까지 여섯 시간이 나온다. 합하면 모두 여덟 시간이 된다. 이 여덟 시간을 하루에 한 시간이라도 꾸준히 의미 있게 활용하면 삶이 확실히 달라진다. 그러니 "시간이 없다"는 말은 이제 삼가자. 그 말은 평계에 지나지 않는다. 하다못해 출퇴근 시간에 스마트폰 보는 것을 책을 읽는 것으로 대체하기만 해도 일주일이면 한 권을 읽을 수 있다. 한 달이면 네 권이고, 1년이면 48권이다. 주변을 살펴보라. 1년에 책 48권 읽는 사람이 과연 얼마나 되는가. 이것만으로도 충분히 앞서갈 수 있다.

하루에 한 시간씩이라도 꾸준히 하는 것이 중요하다. 일주일에 네 시간씩 하지 말고, 한 시간씩이라도 꾸준히 하자. 시간은 충분하다. 목표를 세우고 실행하기만 한다면 시간은 저절로 따라오게 되어 있다. 내가 주인인 시간을 내 뜻에 맞게 컨트롤하라. 그러면 자기 강점은 저절로 따라온다.

● 원하는 일을 하는 일주일 20시간 만들기

만일 누군가가 "일주일에 마음껏 쓸 수 있는 20시간을 덤으로 주겠다"라고 한다면 어떤 기분일까. 생각만으로도 기분 좋을 것이다. 잠을 잘까, 영화를 볼까, 게임을 할까, 아니면 아이와 놀아줄까 등등. 평소에 하고 싶었지만, 시간이 없다는 이유로 밀어두었던 온갖 일이 떠오르며 기분이 좋아질 것이다. 그런데 누가 주지 않아도 우리 스스로가 그 20시간을 만들 수 있다면?

평소 일하는 시간은 그대로 유지하면서 시간 전략을 조금만 바꿔도 일주일에 20시간쯤은 누구나 만들 수 있다. 단, 목표가 있는 사람만 가능하다는 단서가 붙는다.

방법은 의외로 간단하다. 기상 시간과 취침 시간을 조절하면 된다. 평소 기상 시간이 오전 7시, 취침 시간이 밤 12시였다면 기상 시간을 오전 5시, 취침시간을 오후 10시로 두 시간씩 앞당기는 것이다. 단순한 변화로 보일 수도 있지만, 실제로 실행해보면 그야말로 시간 혁명이 일어난다. 새벽 2시간이 더 생기기 때문이다. 더 중요한 것은 퇴근 후 저녁 시간이 바뀐다는 것이다. 정말 간절한 목표가 있다면 저녁 식사 후 TV 시청과 의미 없이 보내는 시간에 원하는 일을 하는 시간을 늘려야 한다. 이렇게 하루에 3~4시간 정도의 시간을 일주일 모으면 20시간이 만들어진다.

● 월 30시간 이상 책 읽는 시간 만들기

책만큼 훌륭한 멘토는 없다. 쉽게 만날 수 없는 다양한 분야 전문가들의 생각을 책을 통해 만날 수 있기 때문이다.

책 읽을 시간이 없다는 말을 달고 사는 사람일수록 책을 읽어야 한다. 왜 시간이 없을까. 그걸 알고 싶다면 책을 읽어야 한다. 나는 왜 그토록 바쁘게 살아왔을까, 언제까지 이렇게 살아야 할까, 답을 얻고 싶다면 책을 읽어야 한다.

이 세상에 출간된 책은 모두 의미가 있다. 비록 내 눈에는 이상하게 보일지 몰라도 누군가는 분명 그 책을 통해 큰 깨달음을 얻고 위안을 얻기 때문이다. 하지만 이왕 시간을 내서 책을 읽는 것이라면 양서를 반복해서 읽는 것이 좋다. 무작정 100권의 책을 읽기보다는 좋은 책 10권을 10번씩 반복해서 읽는 것이 더 좋다. 또한, 길이 안 보일 때는 책 속의 길을 따라가는 것도 좋다. 책 속엔 수많은 길이 있다. 그 길이 우리를 원하는 곳으로 안내할 수도 있다.

하루에 한 시간씩 책을 읽는다고 했을 때 대략 일주일이면 한 권을 읽을 수 있다. 월 30시간이면 네 권 정도의 책을 읽게 되고, 1년이면 48권의 책을 읽을 수 있다. 책의 종류나 분량에 따라 다르겠지만, 대략 1년이면 최소 30권, 많게는 65권 정도 읽을 수 있는 셈이다.

목표가 있다면 목적 있는 독서를 해야 한다. 예컨대, 자기 미래 브랜드로 커리어 코치를 염두에 두고 있다면 관련 서적을 2년 동안 100권 읽는 것이다(100권이 무리라면 몇 권을 반복해서 100번 읽어도 좋다). 4년이면 200권이 되는데, 이는 정규 대학을 한 번 더 다닌 것과 같은 분량이다.

하루에 한 시간이면 월 30시간이 충분히 만들어진다. 집중적으로 읽고 싶다면 주말에 집중하기 좋은 시간을 정해 네 시간씩 읽어도 좋다. 독서를 일상의 한 부분으로 만들어라. 월 30시간이면 충분하다.

● 주말 48시간은 덤이 아니다

이리 뛰고 저리 뛰고 쉴 새 없던 주중이 지나면 꿀맛 같은 주말이 찾아온다. 휴식을 취하면서 재충전하는 시간이다. 그 시간을 활용해서 새로운 일주일일 맞는 힘을 얻기도 한다. 하지만 이렇게 제대로 된 휴식과 재충전을 즐기는 사람이 과연 얼마나 될까.

우리 대부분은 지옥 같은 주5일을 보낸다. 눈이 안 떠져서 몸부림치는 아침을 보내고, 어쩔 수 없이 타야 하는 지하철 안에서 졸린 눈을 비비며 시간을 보내며, 뭘 먹어야 하나 고민스러운 점심시간을 보내고, 상사의 잔소리와 질책에 괴로운 오후를 보내고, 이제나저제나 퇴근 시간을 기다리며 손에 안 잡히는 일을 하며 의미 없는 시간을 보낸다. 그러니 주말이 기다려지는 것은 당연하다.

"회사에 나오지 않아도 되고, 생각만 해도 끔찍한 상사 얼굴을 안 봐도 되잖아."

과연 이런 사람들에게 휴식과 재충전은 어떤 의미일까.

토요일이면 으레 늦잠을 즐기는 사람들이 많다. 예컨대, 점심쯤 일어난다고 하자. 오전 시간은 이미 날아간 뒤다. 늦게 일어나서 입맛도 없거니와 딱히 밥 먹고 싶은 생각도 들지 않을 것이다. 그러다 보니 입맛이 돌 때까지 TV 채널과 씨름하기 일쑤다. 뒤늦게 밥을 먹은 후에는 한동안 게임과 인터넷을 즐기다가, 미처 보지 못한 TV 프로그램이나 영화를 찾아서 본다. 그러다 보면 자정이 훌쩍 넘기 일쑤고, 일요일 역시 비슷한 패턴으로 흘러간다. 그리고 저녁 9시쯤 '개그콘서트'를 보며, 겉으로는 웃지만, 속으로는 우울해한다. 달콤한 주말이 끝나고, 내일 다시 회사에 출근할 일이 걱정이기 때문이다.

주말 이틀은 일주일의 약 30%에 해당하는 시간이다. 이 30%의 시간을 이렇게 함부로 보내면서 더 나은 삶을 원하는 것은 지나친 욕심 아닐까. 주말 계획은 따로 짜야 한다. 마음껏 노는 것도 얼마든지 주말 계획이 될 수 있지만, 그것도 어떻게 노느냐가 중요하다. 매 주말을 TV 시청과 인터넷 게임으로만 보낼 수는 없지 않은가.

주말 이틀은 가능한 한 특별한 목표 달성을 위해 사용해야 한다. 더 나은 지위, 더 높은 연봉, 퇴직 후에도 당당한 직업인으로 살아남고 싶다면 더는 주말 48시간을 덤으로 생각해선 안 된다. 스스로 컨트롤할 수 있는 나만의 시간으로 만들어야 한다.

● 주 40시간에 20시간 더하기

오늘이 만족스러워 오늘과 내일이 균형을 이루는 삶을 원한다면 일주일에 40시간은 현실을 위해, 20시간은 미래를 위해 써야 한다. 하지만 오늘이 불안해서 안정적인 삶을 찾고 싶다면 40시간은 현실을 위해, 20시간은 현실의 업무역량을 높이기 위해 사용하는 것이 옳다. 과연 이게 무슨 말일까.

결론부터 말하자면, 일주일에 40시간은 현상 유지만 할 뿐 지금보다 더 나아지는 데 일조하지 않는다는 뜻이다. 즉, 누구나 일주일에 평균 40시간은 일하지만, 그 시간만으로 만족해서는 발전하기 어렵다.

현실에 만족하는 사람도 내일을 준비해야 한다. 오늘의 만족이 언제까지 유지될지 모르기 때문이다. 뭔가 더 의미 있는 삶을 준비하는데 20시간을 투자한다면 미래는 언제나 조절 가능한 상태가 될 것이다. 하지만 현실에 만족하지 못하는 사람은 먼저 현실을 개선하는데 20시간을 사용해야 한다. 예컨대, 불만족 요인 중의 하나가 스트레스라고 하자. 업무 스트레스를 완화하는 방법에는 크게 두 가지가 있다. 스트레스를 흡수하는 방법과 스트레스 자체를 줄이는 방법이 그것이다. 일정 기간 20시간을 여기에 활용하는 것도 좋은 방법의 하나다. 하지만 사람으로 인한 스트레스는 흡수하고 싶어도 방법을 모르면 거의 불가능하다. 이 경우 책이나 외부 세미나, 외부 교육, 인간관계 기술을 통해 상당 부분 조절이 가능하다.

업무로 인한 스트레스가 심하다면 일정 기간 20시간을 업무 역량을 높이는 데 써야 한다. 이에 주말을 이용해서 학원이나 도서관에 다니거나, 야간대학원에 진학해서 역량을 키우는 데 집중해야 한다.

● 72시간마다 결심 반복하기

《논어》를 보면 "오일삼성오신(吾日三省吾身)"이라는 말이 있다. "하루에 나 자신을 세 번 반성한다"는 뜻이다. 이 말을 작심삼일과 연결해서 '오삼삼성(吾三三省)'이라고 하면 어떨까 싶다. 72시간, 즉 3일에 한 번씩 시간·목표·건강을 점검하고 반성하는 것이다.

'결심한 마음이 3일을 채 못 간다'는 '작심삼일'을 모르는 사람을 아마 없을 것이다. 우리네 인생을 들여다보면 이 작심삼일이 항상 문제다. 새해 계획을 세워도, 반년 계획을 세워도, 한 달 계획을 세워도, 일주일 계획을 세워도 결국 3일이면 흐지부지되는 경우가 많기 때문이다. 아마 이런 경험 한두 번쯤 없는 사람은 없을 것이다. 그런데 만일 그런 작심삼일을 반복하면 어떨까. 3일마다 시간·목표·건강을 점검하고 반성하면서 새로운 결의를 다지는 것이다.

흔히 장기 목표 아래 단기 목표를 세우라고 말한다. 단기 목표가 장기 목표를 향한 이정표가 되기 때문이다. 작심삼일과 오삼삼성은 이를 돕는 효과적인 도구가 될 수 있다. 3일마다 한 번씩 점검함으로써 장기 목표 및 단기 목표를 좀 더 빈틈없고 여유롭게 관리할 수 있기 때문이다. 이것이 시간 관리가 주는 힘이다. 혹시 3일마다 하는 것이 번거롭다면 일주일에 두 번, 수요일과 일요일 혹은 스스로 시간을 정해서 이용해도 된다. 오히려 정해진 요일이 있어서 일정 관리가 훨씬 쉬워질 수 있다.

● 하루 1% 준비 시간 활용하기와 마감 시간 지키기

간단하지만, 강력한 효과를 발휘하는 두 가지 시간 관리법이 있다. 1%

준비 시간 활용하기와 마감 시간을 지키는 것이 바로 그것이다.

하루 24시간의 1%는 약 15분으로 하루 15분을 일과 준비에 사용하면 나머지 99% 시간은 자동으로 관리하는 효과를 볼 수 있다. 예컨대, 퇴근 전 업무 정리와 함께 내일 계획을 세우고 점검하는 데 15분을 사용한다고 할 경우, 이를 활용해서 미팅 및 기타 약속을 정리하고, 해야 할 업무를 중요도에 따라 순차적으로 배치하자. 내일 반드시 끝내야 하는 일이라면 별도의 표시를 해둔다. 이렇게 하면 다음 날 거기에 맞춰 움직일 수 있어 한결 시간을 절약할 수 있다. 퇴근 전보다 출근 후가 더 효율적이라면 출근 후 15분을 이용해도 좋다.

1%의 준비 시간을 활용하는 것은 습관화가 중요하다. 하루 15분에 불과하지만, 꾸준히 실천하면 한 달 후, 3개월 후, 1년 후, 5년 후 매우 큰 효과를 발휘할 수 있기 때문이다.

'마감 시간 지키기'기 역시 마찬가지다. 마감은 말 그대로 '정해진 기한의 끝'이다. 마감이 끝나면 모든 것이 끝난다. 그런 만큼 가능한 한 일찍 마감하는 것이 좋다. 예컨대, 마감까지 4주의 시간이 주어졌다면 3주 안에 마감한다는 생각으로 계획을 수립하고 실행하는 것이다. 그렇게 하면 강력한 마감 효과를 볼 수 있을 뿐만 아니라 일주일의 여유마저 생긴다.

마감 시간을 정하는 것은 정서적인 면에서도 효과가 크다. 도저히 떨쳐버릴 수 없는 스트레스로 일에 몰두할 수 없다면, 일정 시간을 정해놓고 그 시간은 스트레스를 주는 요인에 대해서 마음껏 걱정하고 마음껏 불평을 늘어놓는 것이다. 하지만 그 이후에는 모두 잊고 다시 일에 몰두해야 한다. 어차피 마음에 담아둔다고 해서 해결되는 일이 아니라면 드러내놓고 시한을 정해 불평불만을 하는 것이 해결의 실마리를 잡는 것은 물론 마음이 한결 편안해지는 비결이다.

● 출퇴근 시간 활용하기

출퇴근 시간 역시 활용하기에 좋은 시간이다. 집에서 회사까지 거리가 너무 가까워서 출퇴근 시간을 활용할 필요가 없다면 모르겠지만, 대부분 출퇴근을 위해 일정 시간을 소비하는 만큼 이 시간을 어떻게 활용하는가도 매우 중요하다.

가장 흔하게 할 수 있는 것은 독서 및 업무 활용에 도움이 되는 논문, 자료 등을 읽는 것이다. 하지만 콩나물시루 같은 지하철이나 버스 안에서 책을 도저히 펼칠 수 없는 경우도 있다. 그렇다면 차라리 출퇴근 시간을 정신력을 강화하는 훈련 시간으로 활용하는 건 어떨까.

생각하는 데는 별다른 도구가 없어도 가능하다. 작은 수첩이나 메모지, 펜 정도면 충분하다. 아니, 요즘은 스마트 기기가 매우 발달해서 굳이 그런 것을 챙길 필요도 없다.

흥미로운 주제를 하나 정해서 생각을 집중하거나 풀리지 않는 문제에 집중해 해결 방법을 떠올리면 된다. 그러다 보면 의외로 좋은 아이디어가 많이 떠오를 수도 있다. 한동안 풀리지 않던 문제 역시 해결방법이 번쩍 떠오를 수 있다. 그런 생각들을 준비한 메모지에 적거나 스마트폰에 저장하면 된다.

오늘 할 일을 영화를 찍듯 예측하고, 계획하며, 점검하는 시간으로 활용해도 좋다. 퇴근 전에 준비 시간을 갖는 사람이라면 어제 깜빡 잊은 일정이 생각나서 추가할 수도 있고, 출근 후 준비 시간을 갖는 사람이라면 잊어버리면 안 될 중요한 일정을 미리 점검할 수도 있다. 또한, 스마트 기기를 활용해서 학습하는 시간으로 삼아도 좋다. 외국어 공부를 할 수도 있고, 'TED'와 같은 유명한 강연 프로그램을 시청하며 자신을 한 단계 더 업그레이드 할 수 있다.

05

기록은 기억보다 강하다

강의하는 내내 그는 단 한 번도 팔짱을 풀거나 벌어진 다리를 모으지 않았다. 그저 반쯤 누운 듯한 자세로 의자 등받이에 기대어 강사를 응시할 뿐이었다. 어떤 리액션도, 질문도 없었다. 권태가 진하게 묻어나는 그의 모습에서 나는 순간 과거로 돌아간 듯한 느낌을 받았다. 예전의 나처럼 본인의 의지와 상관없이 어쩔 수 없이 강의를 듣고 있다는 표정이 역력했기 때문이다.

회사에서 주관하는 교육에 참석할 때마다 귀찮기 그지없었다. 지루하고, 재미라고는 느낄 수 없었기 때문이다. 하나같이 졸음을 몰고 다니는 강연 일색이었다. 더 큰 문제는 그것이 개선될 기미가 전혀 보이지 않았다는 것이다. 회사 교육부서에서는 왜 하나같이 그런 프로그램만 기획하는지 짜증이 났다.

기록하면
내 것이 된다

고등학생 시절, 나는 생물 시간만 되면 잔뜩 긴장해야 했다. 생물 선생님은 출석을 부르기가 무섭게 칠판 가득 수업 내용을 적어 나갔다. 광합성이 뭔지도 모르는데, 선생님은 광합성이 이루어지는 상황을 수많은 화학기호와 수식으로 감청색 칠판을 금세 가득 채웠다. 그러고 나서 약간 설명을 보탠 후 그것을 지우고 또 다른 내용을 빼곡히 적었다. 두 번은 기본이었고, 세 번 네 번 넘어가는 때도 있었다. 그러다 보면 여기저기서 한숨 소리가 들려오곤 했다. 손가락이 아프고, 손목이 저릴 즈음, 종이 울리고, 수업은 끝이 났다. 그제야 나와 친구들은 비로소 아픈 손목을 흔들며 안도의 한숨을 내쉬었다. 그런데 이상하게도 공책을 보면 뭔가 대단한 일을 한 것 같은 뿌듯함을 느꼈다. 시간을 허투루 보내지 않았다는 데서 오는 흡족함 같은 것이었다.

강연하다 보면 강사의 말을 받아 적는 사람이 거의 없다. 눈으로는 강사를 보고, 귀로는 강사의 말을 듣고 있지만, 그것을 기록해서 다시 확인하는 사람은 없는 것이다. 그 일차적인 책임은 재미없는 강연을 한 강사에게 있다. 하지만 전적으로 강사 책임이라고만 할 수도 없다. 청중이 어떤 반응을 보이냐에 따라 강사 역시 다른 행동을 취하기 때문이다. 만일 청중이 "너 강연 얼마나 잘하는지 두고 보자"라는 태도를 보인다면 강사 역시 맥이 풀리고 만다.

한 시간 강연을 위해 강사는 약 5~10시간을 준비한다. 하지만 그날 분위기에 따라 준비한 것을 모두 전달하지 못할 때도 있다. 그럴 때면 의기소침해지곤 하지만, 실제로 강사가 손해 볼 것은 전혀 없다. 다 듣지 못한 청중이 더 손해면 손해이기 때문이다.

강연이라는 게 참 쓸모없이 보일 때가 있다. 그런데 세상에 쓸모없는 강연을 주관하는 회사나 단체, 기관이 과연 있을까. 어떤 식으로든 직원들이나 참가자들에게 도움을 주기 위해 강연 프로그램을 마련한다. "세 사람이 길을 가면 그중 반드시 내 스승이 있다(三人行 必有我師)"는 공자 말이 있다. 그런데 누군가에게 도움을 주기 위해서 마련한 강연은 오죽할까. 비록 강사가 스승까지는 되지 못하더라도 조금만 집중하면 꽤 유용한 정보를 얻을 수 있다.

결국, 강의가 재미있느냐, 지루하냐의 일차적인 책임은 강사에게 있지만, 그 시간이 유익한가, 그렇지 않은가는 청중의 몫이다. 처음부터 유익하게 보내려고 마음먹었다면 적어도 그 시간이 재미없진 않을 것이기 때문이다. 그만큼 집중하게 될 테고, 그러다 보면 시간 역시 훌쩍 지나기 마련이다.

그런 점에서 강연을 즐기는 방법을 하나 추천하고자 한다. 나 역시 다른 사람의 강연을 들을 때 자주 사용하는 방법이다. 그것은 바로 적는 것, 즉 '기록'하는 것이다.

나는 가능한 한 강사가 말하는 것을 모두 적는다. 중요한 내용이나 키워드 중심이 아닌, 마치 속기사가 기록하듯 강사의 모든 말을 기록한다. 그러면서 이런 생각을 하곤 한다.

'다음에 내가 이런 주제로 강연한다면 어떻게 할까?'

강사마다 문제를 풀어가는 방법이나 사례가 다르다. 그러다 보니 서로 비교하는 재미도 있어 강연 시간이 눈 깜짝할 사이에 지나가곤 한다.

강연한다는 것은 절대 쉬운 일이 아니다. 한 번이라도 강연을 해본 사람이라면 공감할 것이다. 사람들 앞에서 선다는 것만큼 어려운 일은 없다. 나를 향해 꽂히는 수많은 시선을 감당하려면 엄청난 용기가 필요하기 때문이다. 여기에 일관성 있는 흐름으로 이야기를 흥미롭게 풀어가는 말솜씨는 기본이다.

미국훈련교육협회(ASTD, American Society for Training and Development)에 의하면, 강의 수강 후 지식 보유 감소율은 급격하게 떨어진다고 한다. 강의 수강 후 불과 30분밖에 지나지 않았는데도 58% 정도만 기억된다는 것이다. 이틀이 지나면 33%, 3주가 지나면 단 10% 정도만이 기억에 남는다. 3일이 지나기 전에 후속 조치가 없다면 기억의 소멸은 급속히 진행된다.

자판이 편한 사람은 자판으로, 터치가 편한 사람은 터치로, 손글씨가 편한 사람은 손으로 기록하면 된다. '기록하면' 강사의 지식이 내 것이 되지만, '기록하지 않으면' 강사의 지식은 그저 그의 것으로 남게 된다. 나와는 아무 연관이 없는 것이 되어 기억 저편으로 사라지기 때문이다.

기록은 오래간다. 강연장에서 받았던 그 감동과 지식이 내가 기록한 노트 속에서 그대로 살아 움직인다면 한 달이 지나건, 1년이 지나건 그것은 내 지식이 되어 머릿속에 그대로 남는다.

강연비로 만 원을 냈다고 그 강연이 만 원으로 끝나선 안 된다. 기록하면 그 만 원의 10배가 넘는 가치가 생성되지만, 기록하지 않으면 1원도 채 안 될뿐더러 괜한 시간 낭비만 했다는 후회만 할 수 있다.

요즘은 어디서건 좋은 강의를 들을 수 있다. 각 기업 부설 경제연구소에서 진행하는 질 좋은 무료 강의도 많다. 기업에서 오프라인으로 진행하는 교육이나 강의에 조금만 더 관심을 기울인다면 생각보다 많은 것을 배울 수 있다.

자기 강점 강화에 있어 교육과 학습은 필수다. 그런 만큼 적극적인 경청이 그 어느 때보다 필요하다.

06

커리어 로드맵이 있어야 한다

"참느냐, 떠나느냐, 그것이 문제로다!"

많은 직장인이 하루에도 몇 번씩 이 문제로 고민한다. 하지만 당장 직장을 그만두자니 다음 달 카드비와 생활비가 걱정이고, 참자니 언제까지 참을 수 있을지, 이러다 화병이라도 나서 병원비만 더 나가는 것은 아닌지 걱정하곤 한다. 결국, 대부분 '그래도 참아야지'라며 자신을 다독이지만.

문제는 그때부터다. 고민이 잠시 수면 아래로 내려갔을 뿐 언제 다시 수면 위로 올라올지 모르기 때문이다.

"회사를 그만두려면 확실한 명분이 있어야 한다. 그렇지 않으면 패배자가 될 뿐이다. 불만이 있다고 해서 회사를 그만두면 아무리 좋은 회사에 들어가도 마찬가지지 않겠는가."

일본 〈교세라〉 창업주 이나모리 가즈오의 말이다. 그의 말마따나 지금 명분 없이 회사를 떠난다면, 아무리 좋은 회사에 들어간들 다시 떠나지 않으리라는 보장이 없다. 어쩌면 지금보다 더 나쁜 회사에 들어가 더 나쁜 상황에 부닥칠 수도 있다.

이직 후 성공할 수도 있고, 실패할 수도 있다. 또한, 기존 직장에 계속 남아 있다가 성공할 수도 있고, 실패할 수도 있다. 그렇다면 그 기준은 과연 무엇이 되어야 할까. 바로 '일'이다. 상사나 연봉에 대한 불만이 직장을 떠나는 이유가 되어선 안 된다. 일이 너무 고되고, 비전이 보이지 않는다는 이유 역시 마찬가지다.

이나모리 가즈오의 조언에 다시 한번 귀 기울여보자.

"자기가 좋아하는 일을 추구하기보다는 자기에게 주어진 일을 좋아하는 것부터 시작하라. 자기가 좋아하는 일을 추구하는 것은 유토피아를 찾는 것과 같다. 그래도 유토피아를 현실에서 이루고 싶다면 지금 자신 앞에 놓인 일을 먼저 사랑하라."

이직의 기준은
'일'이어야 한다

자기 강점을 만들려면 몇 가지 전략이 필요하다. 될 수 있으면 기존 직장에서 장기근속하면서 만들어가는 것이 가장 바람직하고 유리하지만, 때에 따라서는 이직이나 전직하는 것이 더 나을 때도 있다. 그럴 때는 '줄탁동시(啐啄同時)'를 해야 한다.

삼칠일(아이를 낳은 지 스무하루째 날)을 기다리고 준비한 끝에 알에서 병아리가 부화하는 순간, 병아리가 안에서 쪼는 것을 '줄(啐)'이라고 하고, 밖에서 어미 닭이 그 소리를 듣고 화답하는 것을 '탁(啄)'이라고 한다. 즉, 병아리가 알에서 나오려면 안에서는 병아리가, 밖에서는 어미 닭이 서로 쪼아야 한다.

이직 역시 마찬가지다. 이직을 원하는 사람과 채용을 원하는 기업의 뜻이 맞아야 한다. 그런데 우리 주변에는 아무런 준비 없이 이력서만 달랑 한 장 든 채 이직을 원하는 사람이 많다. 병아리도 때가 되어야만 안에서 쪼기 시작한다. 아직 세상에 나올 때가 안 되었는데 무리해서 세상 밖으로 나오려고 알을 쪼지는 않는다. 어미 닭 역시 마찬가지다. 품고 있는 알에서 아무런 느낌이나 진동이 없다면 절대 쪼지 않는다.

준비되지 않은 사람을 뽑아주는 회사는 거의 없다. 물론 어쩌다 뽑아주는 회사가 있을 수도 있다. 하지만 그런 회사는 '아무나' 오기만 하면 감사한 곳일 확률이 높다. 즉, 별 볼 일 없는 회사인 것이다. 그러니 들어간들 후회만 남게 된다.

"왜 회사를 옮기려고 하는가? 그다음에는 어디로 향할 것인가?"

이직을 원하는 사람이라면 적어도 이 두 가지 질문에 대한 답을 반드시 갖고 있어야 한다. 그런 다음에 병아리가 알을 쪼듯 열심히 쪼아야 한다. 그래야만 세상이 화답한다.

성공하는
이직 순서도

이직 역시 순서도를 갖고 있어야 한다. 그래야만 유리하게 진행할 수 있다.

동기들보다 승진이 늦거나 승진에서 떨어졌을 때, 연봉이 깎였을 때,

헤드헌터의 전화를 받았을 때 누구나 한 번쯤 이직을 생각한다. 그러다 보니 생각보다 많은 직장인이 아무런 준비 없이 이직 시장에 뛰어들곤 한다. 이력서 한 장 달랑 밀어 넣고 어디서건 러브콜이 오기를 기다리는 것이다. 하지만 이는 착각에 불과하다. 이미 다른 직장에서 평가가 낮게 나온 사람을 선호하는 회사는 없다. 생각해보라. 어느 회사에서 승진에서 떨어진 결격자를 원하고, 연봉이 깎인 사람을 좋아하겠는가. 그러니 승진에서 떨어졌다고 해서 다른 회사를 기웃거릴 게 아니라 지금 회사에서 승부를 걸어야 한다. 승진에서 떨어진 이유를 찾고, 연봉이 깎인 이유를 찾아서 칼을 갈아야 한다. 이직은 그다음이다.

또한, 이직은 서로 시기가 맞아야 한다. 아무리 능력이 탁월한 사람이라도 채용을 원하는 기업이 없으면 혼자만의 꿈에 지나지 않는다. 마찬가지로 기업이 아무리 적임자를 찾으려고 해도 적합한 사람이 없다면 그 역시 헛된 바람에 불과하다.

8년 차 직장인 강 과장은 멋진 이력서를 갖고 있다. 국내 굴지의 전자 회사에서 4년간 엔지니어로 근무한 후 현재 네 번째 직장인 외국계 기업에서 응용기술 엔지니어로 2년째 근무하고 있다. 대기업 직급 체계로 따지면 신임 과장급 정도 경력이다. 그런데 지금 또다시 이직을 시도하고 있다.

그의 이력서를 보면 자신이 원하면 어느 회사라도 갈 수 있다는 자신감이 잔뜩 묻어나 있다. 하지만 웬걸, 번번이 고배를 마시고 있다. 처음에는 그 역시 그런 현실을 받아들이지 못했다. 하지만 요즘 들어 아무리 실력 있는 엔지니어라도 직장인 8년 차에 다섯 번째 직장을 찾는다는 게 우리 실정에 맞지 않는다는 걸 어느 정도 수긍하는 눈치다.

반대로 K사는 채용 조건이 매우 까다롭다. 연봉 수준과 비교해서 매우 높은 스펙의 엔지니어를 찾고 있기 때문이다. 여러 차례에 걸쳐 적임자를 찾으려고 했지만, 그 수준의 연봉과 인재를 매치하기란 여간 힘든 게 아니다. 사실 K사의 오픈 포지션은 매우 매력적인 자리다. 입사 후 몇 년만 고생하면 공장장까지 노려볼 수 있기 때문이다. 그런데도 적임자가 없었다.

좋은 자리를 적당한 때 잘 찾아가기 위해서는 커리어 로드맵을 갖고 있어야 한다. 이제 정년퇴직은 정말 힘든 일일뿐더러 언제 · 어떻게 커리어가 끊길지도 모른다. 따라서 인생 교차로에 빨간불이 들어오더라도 당황하지 않고 어디로 갈 것인지 정할 수 있는 커리어 로드맵이 필요하다. 그에 따라 이직 및 전직이 필요하다면 그렇게 해서라도 자신의 목표를 이루어나가야 한다. 그런 다음에 실력을 쌓아야 한다. 전직 시장에 자신을 내놓았을 때 바로 데려갈 수 있는 실력을 쌓는 것이다. 21일 동안 꼼짝하지 않고 알 속에서 병아리로 성장해가는 것처럼 속이 꽉 찬 실력 있는 사람이 되어야 한다. 그리고 기회가 왔을 때 병아리가 안에서 쪼는 것처럼 '줄'을 해야 한다. 모든 것이 준비되어 안에서 '줄' 신호를 보내면 밖에서 누군가가 '탁'하고 그 껍질을 깨줄 것이다. '줄'하는 실력 있는 인재에게 '탁'하고 외칠 어미 닭은 얼마든지 있다.

07

사는 동안 6번의 기회가 온다

우리는 살면서 몇 번의 기회를 얻게 될까. 다음 수식을 보자.

{(1-3-10)×3}×2=6

(1-3-10)은 기회를 만들 수 있는 기간인 1년, 3년, 10년을 의미한다. 물론 기회라는 게 그렇게 자주 오지는 않는다. 적어도 10년은 집중해야만 기회다운 기회가 온다. 그래서 흔히 하는 말 중 이런 말이 있다.

"누구나 세 번의 기회가 온다."

이는 우리가 30살부터 60살까지 직장생활을 한다고 했을 경우 얻을 기회의 총합이다. 이를 환산하면 10년에 한 번씩 기회를 얻는 셈이다. 하지만 요즘은 평균수명 연장으로 인해 6번의 기회를 얻는 것이 가능해졌다. 즉, 이전보다 두 배 많은 기회를 얻게 되었다. 위 수식은 바로 그것을 나타낸 것이다.

경력자는 많지만,
전문가는 적은 이유

힘들게 입사한 직장을 채 1년도 다니지 못하고 뛰쳐나와 새로운 직장을 찾는 사회 초년생들이 의외로 많다.

"어디 좋은 곳 없을까요?"

그들이 헤드헌터에게 가장 많이 묻는 말이다. 어렵사리 들어간 직장에서 1년도 못 채우고 나왔으면서 또 다른 '좋은 곳'을 찾는 그들에게 "제발 1년 만이라도 버텨보세요"라고 말해보지만, "네, 그렇게 해보겠습니다"라고 하는 사람은 거의 없다. 물론 1년도 못 참고 나오는 심정이야 오죽할까 싶지만, 그래도 1년은 너무 빠르다.

어디 신입사원뿐이겠는가. 경력 이직자 역시 마찬가지다. 이직을 자주 하는 '철새' 직장인을 좋게 생각하는 기업은 거의 없다. 특수한 업종 몇몇을 제외하고는 잦은 이직을 절대 좋게 보지 않는다. 실제로 인사 담당자들이 서치펌에 채용을 의뢰할 때 빼놓지 않고 하는 말이 있다.

"세 번 이상 이직한 사람은 절대 추천하지 마세요."

1년. 최소 1년은 일해 봐야 그 회사를 알 수 있다. 기업 문화를 어느 정도 파악하고 이해하려면 적어도 네 계절은 겪어봐야 한다.

비즈니스는 대부분 1년 단위로 시작되고 마무리된다. 그 때문에 최소 1년은 겪어봐야 회사 업무는 물론 문화를 알 수 있다. 그 1년은 조직을 이해하고, 상사를 이해하고, 동료를 이해하는 데 걸리는 시간이다. 하지만 기업의 영업이나 고객까지 파악하고 이해하려면 1년은 턱없이 부족하다. 내부 고객을 파악하고 이해하는 데도 수년이 걸린다. 그런데 외부 고객이야 말해 뭐하겠는가.

외부 사정까지 알고 파악하려면 최소 3년의 시간이 필요하다. 그런데 주위를 살펴보면 3년을 채우기 전에 이직하지 않으면 좀이 쑤신다는 '올림픽 증후군'에 시달리는 직장인들이 의외로 적지 않다. 4년마다 열리는 올림픽을 한 회사에서 맞이하는 것을 절대 용납 못 하는 것이다. 그런 사람들과 얘기해보면 나름의 이유가 있다. 상사와의 갈등이나 조직의 비합리성쯤이야 그동안의 짬밥으로 어찌어찌 버틸 수 있지만, '앞이 보이지 않는' 비전 없는 상황은 도저히 참을 수 없다는 것이다. 그때마다 나는 "제발 3년만 버텨보세요"라고 한다. 신입이야 뭘 모를 때니까 적응하기까지 1년만 버텨보라는 것이지만, 이미 직장생활을 어느 정도 해본 사람들에게 1년은 매우 짧은 시간이다. 비록 기업마다 문화와 지향하는 목표가 조금씩 다르긴 하지만, 기본적으로 조직이 운영되는 원리는 비슷하다. 그건 이미 수년간의 직장생활로 터득했을 것이다. 그러면 더는 적응 문제가 아닌 실력 문제가 된다.

아무리 자기 전문 분야라고 해도 이직하면 거기서 인정받기 위한 시간이 필요하다. 우선, 새로운 직장 문화에 적응하는 시간이 필요하다. 새로운 직장, 새로운 사람, 새로운 프로세스, 새로운 커뮤니케이션에 자신을 맞출 시간이 필요한 것이다.

자신의 실력을 증명하고 인정받을 시간 역시 필요하다. 아무리 유능한 경력자라도 회사의 중요한 프로젝트를 단번에 맡기지는 않는다. 이 사람의 실력이 얼마나 되는지, 과연 우리 회사를 위해 헌신할 사람인지 판단이 서지 않기 때문이다. 특히 이직 기간이 짧으면 짧을수록 우리 회사를 자신의 실적을 쌓기 위해 거쳐 가는 곳으로 생각하는 것은 아닌지 하는 의심을 지우지 않는다. 그런 만큼 경력자가 겨우 1~2년 일하고 '비전' 운운하는 것은 너무 성급하다. 직종을 바꾼 경우라면 더욱더 그렇다. 겨우 1~2년 일하고 일의 특성과 분야의 전문성을 논할 수 있을까. 누군가는 내가 버린 그 비전 없는 일을 20년이나 계속하면서 성공한 '장인' 혹은 '달인'의 칭호를 받고 있는데 말이다. 최소한 3년은 한곳에 머물러야 한다. 업무와 그 분야를 이해하는 데 적어도 그 정도 시간은 꼭 필요하다.

10년은 방향성을 갖고
일해야 한다

"한 분야에서 10년 일하면 누구나 전문가가 될 수 있을까요?"

강연 중 이런 질문을 간혹 하곤 한다. 그러면 처음에는 청중 대부분이 우물쭈물하기 일쑤지만, 다시 한번 물으면 대부분 말 대신 고개를 내젓는다. 10년이면 강산도 변한다는데, 그 강산이 변하는 동안 한 분야에서 일했는데도 전문가가 될 수 없다는 것이다.

10년 동안 한 분야에서 일했다고 해서 누구나 전문가가 되는 것은 아니다. 오래 일했다고 해서 전문가가 된다면 이 세상은 그야말로 전문가로 넘쳐날 것이다. 경력자는 많지만, 전문가는 많지 않다. 정형화된 업무를 기계적으로 처리하는 데 대부분 시간을 보낸다면 10년 경력자라도 업무 전문성을 갖출 수 없다.

반대로 10년 동안 열심히 일해서 전문성을 쌓았다면 누구나 전문가가 될 수 있다. 최소한 방향성을 갖고 꾸준히 일했다면 전문가가 될 가능성이 높다. 따라서 업무 전문성을 생각한다면 적어도 10년은 일관성 있게 한 분야에 집중해야 한다.

사실 이직 시장에서 가장 선호하는 사람은 5~10년 정도 되는 대리, 과장급이다. 업무 처리에 능숙하고, 조금만 키우면 전문 인력이 될 수 있기 때문이다. 그래서 10년간 열심히 일한 직장인이 이직을 원하면 나는 굳이 말리지 않는다. 좋은 시스템에서 충분한 역량을 쌓았다면 한 단계 더 높이 도약하는 것도 커리어 개발에 유익하기 때문이다. 하지만 전문성을 뛰어넘어 그 일을 자기 강점으로 만드는 데는 그보다 훨씬 많은 시간과 노력이 필요하다. 그런 점에서 독립적으로 일을 계획하고, 실행하며, 마무리까지 완벽하게 하는 데 있어 10년은 절대 길지 않은 시간이다. 기회는 아무에게나 오지 않는다. 설령, 아무에게나 온다고 해도 누구나 쉽게 잡을 수 있는 게 아니다. 오로지 준비된 사람만이 만날 수 있기 때문이다.

● 15~25살, 인생의 첫 번째 기회

대학입시를 준비하고, 대학에서 보내는 기간으로 이 시기를 어떻게 보내느냐에 따라서 인생이 달라진다. 열다섯에서 열아홉까지 시간을 잘 보냈다면 대학 문이 달라질 것이고, 스물부터 스물다섯까지 시간을 잘 보냈다면 선택할 수 있는 직업이 많아질 것이다. 어떤 경험을 쌓고, 어떻게 견문을 넓혔느냐에 따라 더 많은 기회를 만날 수도 있다.

● 26~35살, 직장생활 전반기이자 인생의 두 번째 기회

입사 후 10년은 인생의 황금기와도 같다. 그 10년을 어떻게 설계하고 만드느냐에 따라 선택할 기회가 달라지기 때문이다. 따라서 취업과 결혼, 2세 출산, 주택 마련, 승진, 연봉 협상, 업무 스트레스 등 일상의 복잡함 속에서도 일관되게 역량 강화에 힘써야 한다. 이때부터 자기 강점 형성이라는 전략을 세워 실행하면 머잖아 좋은 효과를 거둘 수 있다.

● 36~45살, 직장생활 후반기이자 인생의 세 번째 기회

혹시라도 두 번째 기회를 놓쳤다면 이 시기에 다시 한번 도전할 수 있다. 인생의 황금기보다는 못하지만, 연륜과 경험, 관록이 있기 때문에 아직 충분히 꽃피울 수 있다. 하지만 이른 명예퇴직을 당할 위험도 있는 만큼 마지막 기회가 될 수도 있으니, 이 시기를 절대 놓쳐선 안 된다. 아울러 자기 브랜드 구축이라는 전략 실행을 더는 미뤄선 안 된다.

● 46~55살, 직장에 남아 있다면 임원으로 승진해서 경영진이 되는 시기이지만, 퇴사했다면 제2의 인생을 사는 시기로 인생의 네 번째 기회

36~45살 시기를 잘 보낸 사람이라면 회사에 남아 있건, 퇴직 후 자기 사업을 시작하건 별문제 없지만, 그렇지 못한 사람은 이 시기를 잘 활용해서 또 다른 기회를 만들어야 한다. 이미 20년 이상 직장 경력이 있는 만큼 그것을 자산으로 충분히 다시 시작할 수 있다. 특히 퇴직자라면 절망하기보다 차라리 잘됐다고 생각하는 것이 좋다. 상사의 간섭을 더는 받지 않아도 되며, 부하직원의 뒤치다꺼리 역시 하지 않아도 되기 때문이다. 시간제한 및 규제도 없다. 그야말로 자신의 의지대로 살 수 있다. 조금 늦긴 했지만, 자기 브랜드 구축이라는 세심한 전략으로 반전을 노려야 한다.

● 55~65살, 인생의 다섯 번째 기회

직종 · 업종 불문하고 서서히 퇴직을 맞이하는 시기다. 애당초 자신이 꿈꿨던 것처럼 행복한 은퇴를 맞이하는 사람도 있겠지만, 막막함에 삶에 대한 두려움이 밀려드는 사람도 있을 것이다. 또한, 오랫동안 해온 일이 사라졌다는 사실에 허탈감을 느끼는 사람도 있을 것이다. 하지만 56~65살은 아직 젊은 나이다. 비록 사회적으로는 은퇴를 말하는 시기이지만, 정신적 · 신체적으로 느끼는 나이는 40대 초반에 불과하기 때문이다. 그러니 의기소침할 필요 없다. '끝은 새로운 시작'이다. 더욱이 가정 경제를 책임지는 부담에서 어느 정도 벗어났기에 다시 한번 의미 있는 일을 찾아서 몰입할 수 있다.

● 66~75살, 인생의 마지막 기회

이 시기가 지나가면 다시는 기회를 만들지 못할 수도 있다. 그러니 하고 싶은 일이 있다면 꼭 해야 한다. 그만큼 이 시기의 성취는 남다르다. 한층 아름다울뿐더러 가치 있기 때문이다. 하루 24시간을 자기 의지대로 쓸 수 있는 만큼 시간 전략만 잘 세운다면 인생의 마지막 기회를 아름답고 가치 있게 마무리할 수 있다.

멀리 볼수록 위기도, 답도 먼저 본다

멀리 볼수록
위기도, 답도 먼저 본다

대부분 사람은 대학 입학 후 이미 짜인 커리큘럼에 맞춰 움직인다. 학점 잘 주는 과목 위주로 수강하고, 토익·토플에 열을 올리며, 각종 공모전을 준비한다. 방학 때는 다양한 경험을 위해 여행도 다니고, 어학연수도 다녀온다. 동아리나 봉사활동을 통해 리더십도 기른다. 그러다 보니 정작 중요한 삶의 목표에 관해선 생각할 시간이 없다. 자신의 꿈을 어떻게 실현할지 고민하지 않는 것이다. 졸업을 위한 학점관리와 취업을 위한 스펙 만들기에 올인할 뿐이다. 그런데도 막상 취업 시기가 다가오면 고민하거나 후회하기 일쑤다.

'이 조건으로 원하는 회사에 입사할 수 있을까? 차라리 노량진 고시원에 들어가서 공무원 시험 준비나 할까? 회사에 들어가면 회사에 매여 살아야 한다던데, 자유로울 때 하고 싶은 일을 마음껏 해볼걸.'

하지만 누구도 지나간 시간을 되돌릴 순 없다.

처음 회사에 들어가면 신입사원 입문 교육을 거쳐야 한다. 대기업은 자체 연수원에서 한 달 이상 합숙 교육을 시행하기도 하고, 중소기업은 형편에 맞춰 교육을 한다. 입문교육 후 현업에 배치되고 나면 부서 교육이 있고, 연이어 OJT(On-the-Job-Training, 일하면서 받는 직장 내 훈련)가 이어진다. 그렇게 해서 선배에게 업무를 배우고, 상사의 지도에 따라 실적을 만들어낸다. 3~4년이 지나면 대리가 되고, 7~8년이 지나면 과장이 된다. 승진하는 맛, 연봉 오르는 맛에 회사생활이 좀 할 만해진다. 그렇게 10년이 빠르게 지나간다.

그때쯤 되면 슬슬 문제가 발생한다. 그대로 계속 가야 할지, 다른 길로 가야 할지 고민되는 것이다. 지금껏 해온 대로 앞으로도 잘만 하면 부장도 되고, 상무도 될 테지만, 왠지 마음 한구석이 불안하기 그지없다. 나이는 먹고, 연차도 쌓였는데, 내세울 만한 게 하나도 없기 때문이다.

'왜 그동안 시키는 일만 했을까. 지난 10년간 도대체 뭘 한 거지?'

직장인 10년 차,
슬슬 문제가 발생할 때

초등학생 때는 앞만 보고 걸었다. 중학생 때는 앞만 보고 뛰었으며, 고등학생 때는 앞만 보고 달렸다. 대학생 때는 더욱 속도를 내어 앞을 향해 내달렸다. 직장인이 되어서는 날아갈 듯 달렸다. 아이 때도 달리고, 성인이 되어서도 달리기만 했다. 옆과 뒤는 보지도 않은 채 앞서가는 타인의 발만 보고 죽어라 뛴 것이다.

혜민 스님은 《멈추면 비로소 보이는 것들》이라는 책에서 자신이 승려가 된 이유를 다음과 같이 말했다.

"이렇게 한 생을 끝없이 분투만 하다 죽음을 맞이하기 싫어서였습니다. 무조건 성공만을 위해서 끝없이 경쟁만 하다가 나중에 죽음을 맞게 되면 얼마나 허탈할까 하는 깨달음 때문이었습니다. 다른 사람들에 의해 만들어진 성공의 잣대에 올라가 다른 사람들에게 비칠 나의 모습을 염려하면서 그들의 기준점과 기대치를 만족시키기 위해 왜 그래야 하는지도 모르고 평생을 헐떡거리며 살다가 죽음을 맞이하고 싶지 않았기 때문이었습니다."

그러면서 스님은 이런 당부의 말도 잊지 않았다.

"누군가 당신에게 당신 인생의 앞길을 잘 설계해놓았으니 그 길로 가면 성공한다고, 그 길로 가라고 강요한다면, 그런데 그 길이 당신이 원하는 길이 아니라면 그냥 도망치십시오. 당신의 삶을 사세요. 당신이 진짜 원하는 삶을!"

멀리 볼수록 위기도, 답도 먼저 본다. 멀리 내다보지 않으면 반드시 근심이 생기고, 방향을 잃게 된다. 그렇다고 해서 무조건 앞만 봐서는 안 된다. 틈틈이 발밑은 물론 옆과 뒤도 살펴야 한다. 그래야만 넘어지지 않고, 근심도 생기지 않는다.

발밑은 물론 옆과 뒤도
틈틈이 살펴야 한다

어떤 과정을 평가하려면 일정 기간의 시간이 필요하다. 예컨대, 학교 졸업 후 취업을 하게 되면 비로소 학창 시절을 나름대로 평가하듯, 직장인이 된 후 10년 정도 지나면 지난 10년을 나름대로 평가한다. 명예퇴직 혹은 정년퇴직할 때도 마찬가지다. 직장인으로서 지낸 시간을 나름대로 평가한다.

대학생이라면 신입사원에게 질문을 던져 답을 구해야 한다. 대학에서 정말 해야 할 것이 무엇인지 묻는 것이다. 학점 쌓기인지, 스펙 쌓기인지, 더 많은 독서인지, 하고 싶은 일을 하는 것인지…. 그러면 최소한 "그냥 열심히 공부만 하세요"란 답은 듣지 않을 것이다. 생각건대, 인생의 방향을 정하는 데 어느 정도 도움이 되는 조언을 얻을 수 있지 않을까.

신입사원이라면 10년 차 과장에게 질문을 던져 답을 구해야 한다. 신입 시절 정말 해야 하는 일이 무엇인지 묻는 것이다. "그냥 시키는 일만 열심히 하세요"란 답을 하는 과장이라면 코칭을 해줄 자격이 없는 상사로 생각해도 좋다.

10년 차 직장인이라면 조직 내 임원이나 경영진, 혹은 자기 브랜드를 만들어 독립한 선배, 코치를 찾아가 이렇게 물으면 된다.

"지금부터 5년 동안 어떻게 시간을 보내면 됩니까? 정말 중요한 것을 만들어내기 위해 무엇을 해야 합니까?"

선배나 코치가 답을 줄 수도 그렇지 못할 수도 있다. 그래도 상관없다. 문제를 해결하는 것은 답이 아니라 질문이기 때문이다. 질문이 있다는 것은 그만큼 답이 가깝다는 것이다. 그리고 이 말을 항상 명심해야 한다.

"멀리 내다보라. 그렇지 않으면 반드시 근심이 생긴다."

어떤 위기와 불안에도 흔들리지 않는 커리어 전략

원려, 멀리 내다보는 삶

초판 1쇄 인쇄 2018년 11월 12일
초판 1쇄 발행 2018년 11월 19일

지은이 최종엽
발행인 임채성
디자인 산타클로스 曉雪

펴낸곳 홍재
주 소 서울시 양천구 목동동로 233-1, 1010호(목동, 현대드림타워)
전 화 070-4121-6304   **팩 스** 02)332-6306
메 일 hongjaeeditor@naver.com

출판등록 2017년 10월 30일(신고번호 제 2017 - 000064호)

종이책 ISBN 979-11-89330-04-0   13320
전자책 ISBN 979-11-89330-05-7   15320

저작권자 ⓒ 2018 최종엽
COPYRIGHT ⓒ 2018 by Jong Yeop Choi
이 도서의 국립중앙도서관 출판시도서목록(CIP)은 서지정보유통지원시스템 홈페이지(http://seoji.nl.go.kr)와
국가자료공동목록시스템(http://www.nl.go.kr/kolisnet)에서 이용하실 수 있습니다.
(CIP제어번호: CIP 2018030143)

• 이 책은 도서출판 홍재와 저작권자와의 계약에 따라 발행한 것이므로
  본사의 서면 허락 없이는 어떠한 형태나 수단으로도 이 책의 내용을 이용할 수 없습니다.
• 파본은 본사와 구입하신 서점에서 교환해드립니다.
• 책값은 뒤표지에 있습니다.

홍재는 조선 제22대 왕인 정조대왕의 호로 백성들을 위해 인정을 베풀겠다는 큰 뜻을 담고 있습니다.
도서출판 홍재는 그 뜻을 좇아 많은 사람에게 도움이 되는 책을 출간하는 것을 목표로 하고 있습니다.
책으로 출간했으면 하는 아이디어와 원고가 있다면 주저하지 말고 홍재의 문을 두드리세요.

hongjaeeditor@naver.com